JN203124

保健体育を
教える人のために

奈良教育大学 保健体育講座 著

はじめに

現場の先生方に「教師として身につけたい資質能力は何か」と問うと、「教科の指導力」や「教科に関する専門的知識」が必ず上位にあげられる。それでは保健体育における「教科の指導力」や「教科に関する専門的知識」とは何なのだろうか。教育職員免許法施行規則によると、保健体育普通免許状の取得には、教科に関する科目について、①体育実技、②「体育原理、体育心理学、体育経営管理学、体育社会学、体育史」及び運動学（運動方法学を含む。）、③生理学（運動生理学を含む。）、④衛生学及び公衆衛生学、⑤学校保健（小児保健、精神保健、学校安全及び救急処置を含む。）の５領域から単位を修得する必要があり、その基礎となる学問領域は極めて広範囲である。従って、体育実技、体育理論及び保健領域と３つの異なった領域に関する教育を行わなければならない保健体育の教師にとって、「教科の指導力」を身に付け、「教科に関する専門的知識」を得ることは大きな負担である。

一方、2012（平成24）年８月に出された中央教育審議会答申である「教職生活の全体を通じた教員の資質能力の総合的な向上方策について」を始めとして各種答申や提言において、教員養成の高度化や教員研修の見直しなどが示されてきた。答申においてはこれからの教員に求められる資質能力の一つとして教科及び教職に関する高度な専門的知識や新たな学びを展開できる実践的指導力があげられている。

そこで、奈良教育大学保健体育講座では、７名の教員がそれぞれの専門領域の立場から学び続ける教員を支援することを目的に、保健体育教員を目指す学生や保健体育の現職教員を対象とした『保健体育を教える人のために』と題した本書を作成することとした。その内容は体育科教育、学校保健、スポーツ文化論（体育原理・体育史）、体育社会学、運動学、運動生理学などからなる。

最後に、本書が学び続ける教員の資質能力向上に少しでも役立てばと願っている。

中谷　昭

目　　次

運動有能感を高める体育授業づくり

岡澤祥訓

序章　運動が苦手な児童生徒の心によりそって

奈良教育大学の保健体育科教育研究室に勤務してから29年間、体育科教育の立場から優れた体育授業のあり方を求めてきた。最初は大学院生が研究を行っていたこともあり、筑波大学に転任された高橋健夫先生の行っておられたALT-PE、すなわち体育授業で有効な学習時間がどの程度確保されているのかを測定し、有効な学習時間を確保するための教授技術の研究を行った。その後、高橋先生の指導を仰ぎながら児童生徒が積極的に参加する体育授業を支える教師行動の研究を行ったが、これらの研究で明らかになった成果は、バックグラウンドが体育心理学にある私にも納得できるものであった。すなわち、児童生徒が積極的に参加する体育授業の方法を明らかにするものであって、それは技能が高まることが中心にあるが、無理にやらせるのではなく、児童生徒が自ら進んで取り組む体育授業を行う教師行動を中心とした教授技術がほとんどであったと思う。

これらの研究を通して、有効な教授技術に関してはある程度明らかにされたが、体育授業づくりという視点からは明らかになったことは多くはなかった。それは、体育授業の目標論を基に研究を行ったわけではないことが原因であった。

そこで、体育授業の目標である「技能目標、認識目標、社会的行動目標」の３つを達成することによって、達成できるという「情意目標」を高める授業を目指したいと考えた。その理由は、体育授業では運動が苦手な児童生徒も、卒業後も一生スポーツやレクリエーション活動に参加し、生涯体育・スポーツの実践者として豊かな人生を送ってほしいと考えたからである。

体育授業では運動が得意な児童生徒は積極的に参加するが、苦手な児童生徒は無理やり運動に参加させられている。この運動の苦手な児童生徒が進んで参加してくれる体育授業を行うことが必要だと考えられる。私たちの研究室では、多くの卒業生・修了生が修士論文や卒業論文で運動有能感を高める体育授業の方法に検討を加える研究を行ってくれた。これらの研究を基に、「運動有能感を高める授業づくり」というテーマで『体育科教育』に1996（平成８）年４月から２年間連載させていただいた。本稿では、この連載を基に生涯体育・スポーツの実践者を育成する方法について論じたいと思う。

第1章　運動有能感とは

第1節　なぜ運動有能感なのか[1)]

生涯体育・スポーツの実践者を育成するためには、運動することが何かを得るための方法になっている。例えば、怒られないためや健康に必要だからというような外発的動機でやらされて運動に参加するのではなく、運動することが楽しいから自ら進んで運動に参加するという、運動することが目的になっている内発的な動機づけで、運動に参加する児童生徒を育成することが必要である。

多くの小学校では「みずから進んで運動する児童の育成」を体育授業の目標にあげている。しかし、どのように指導すれば目標に掲げるような児童の育成が可能なのか明らかではなく、多くの教師が戸惑っている。一般的に、児童の自己決定感を高めるためには教師の指導性を可能な限り控えるという方法がとられることが多い。しかし、教師の指導性を控え、児童の自己決定にゆだねるとしても、意見が言える児童は運動技能の高い一部の児童に限定されてしまい、運動技能の低い児童は、その決定にしたがうという行動を取ることになってしまう。

体育授業は、運動能力の低い児童生徒や運動嫌いの児童生徒が運動に参加する最後のチャンスである可能性が高い。そのため、体育授業ではこういった児童生徒も自ら進んで運動に参加できるような工夫が必要である。そのためには、運動に対する内発的動機づけを高めることが必要である。デシ[2)]は、内発的動機づけを「有能さと自己決定」から解釈している。人間は「有能さと自己決定」を感知したいという欲求に動機づけられて行動するものであり、それを内発的に動機づけられた行動であると主張している。すなわち、内発的に動機づけるには有能さを認知し、さらに有能になることを求めて動機づけられることが必要であると考えられる。そこで、体育授業では全ての児童生徒が有能感を形成できるような工夫を行うことが必要であろう。

このような工夫の有効性を検証するためには運動有能感を測定する尺度が必要であるが、これについては次節に述べる。

第2節　運動有能感の構造とその測定法[3)]

従来の有能感理論にしたがえば、運動有能感は身体能力や運動技能が高いという自信であると考えられる。この視点で運動有能感をとらえると、運動能力が低い児童生徒は運動有能感を高めることが困難であるということになってしまう。体育授業で生涯体育・スポーツの実践者の育成をするためには、運動が苦手な児童生徒が自ら運動を行いたいと思ってくれるように指導しなければならない。

この調査用紙は，運動についての文章があげられてあります。それぞれの質問について，自分にあてはまると思う番号に○をつけて下さい。この調査は，あなたの成績とは全く関係ありません。

年	組	番	男 ・ 女	名前

「よくあてはまる」 ………………………… 5
「ややあてはまる」 ………………………… 4
「どちらともいえない」 ………………… 3
「あまりあてはまらない」 ……………… 2
「まったくあてはまらない」 …………… 1

運動能力がすぐれていると思います	5	4	3	2	1	身
たいていの運動は上手にできます	5	4	3	2	1	身
練習をすれば，必ず技術や記録は伸びると思います	5	4	3	2	1	統
努力さえすれば，たいていの運動は上手にできると思います	5	4	3	2	1	統
運動をしている時，先生が励ましたり，応援してくれます	5	4	3	2	1	受
運動をしている時，友だちが励ましたり，応援してくれます	5	4	3	2	1	受
一緒に運動をしようと誘ってくれる友だちがいます	5	4	3	2	1	受
運動の上手な見本として，よく選ばれます	5	4	3	2	1	身
一緒に運動する友だちがいます	5	4	3	2	1	受
運動について自信をもっているほうです	5	4	3	2	1	身
少しむずかしい運動でも，努力すればできるようになると思います	5	4	3	2	1	統
できない運動でも，あきらめないで練習すればできるようになると思います	5	4	3	2	1	統

資料１　運動に関する調査

出典）岡沢祥訓・北真佐美・諏訪祐一郎，1996,「運動有能感の構造とその発達及び性差に関する研究」,『スポーツ教育学研究』，16（2），153.

その方法に検討を加えるためには、運動が苦手な児童生徒の運動有能感を高める工夫が必要であるが、従来の有能感という考え方では、運動が苦手な児童生徒を生涯体育・スポーツの実践者に育成する方法を検討することは難しい。

そこで、岡沢ら[4]は運動ができるという自信を支える周辺部分も含めた運動有能感の構造を明らかにし、運動有能感の測定尺度を作成した（資料１）。この運動有能感尺度は、自分は運動を上手に行うことができるという自信である「身体的有能さの認知」、努力すれば練習すればできるようになるという「統制感」、教師や仲間から受け入れられているという自信である「受容感」の３つの因子から構成されていることが明らかであった。また、これら３因子の信頼性を検討するために、クロンバックのα係数を発達段階別に求めた結果、全ての発達段階で高い値が得られ、小学校高学年から大学生まで使用可能な尺度であることが認められた。

第３節　運動参加に及ぼす運動有能感の影響

デシ[5)]の内発的動機づけ理論にしたがえば、運動有能感が高い児童生徒が運動に内発的に動機づけられることになると考えられる。このことを実証するために、岡澤・三上[6)]は体育・スポーツにおける内発的動機づけの構造を明らかし、運動有能感との関係に検討を加えた。体育・スポーツにおける内発的動機づけは積極的運動参加と主体的運動参加の２因子で構成されていることが明らかであった。そこで、運動有能感の構成要素である「身体的有能さの認知」「統制感」「受容感」との関係を分析した。その結果、運動有能感を構成する全ての因子において、得点が高い人が内発的動機づけの２因子ともに得点が高くなる傾向が見られた。

このことは「身体的有能さの認知」だけでなく、「統制感」「受容感」を高めることによって、児童生徒を運動に内発的に参加するようにできることを示している。つまり、運動が苦手な児童生徒も「統制感」「受容感」を高めることは可能であると考えられるので、全ての児童生徒を生涯体育・スポーツの実践者に育成することは可能であるということが示された。

また、岡澤・諏訪[7)]は内発的動機づけと関係が深い運動の楽しさと運動有能感との関係を分析した。運動の楽しさは「先生から受容される楽しさ」「技能・記録が伸びる楽しさ」「自己決定することによる楽しさ」「自分の力を試す楽しさ」「できる楽しさ」「仲間から受容される楽しさ」「活動欲求の充足による楽しさ」「ゲームに関する楽しさ」「観る楽しさ」「新しいことに挑戦する楽しさ」から構成されることが因子分析の結果明らかであった。そこで運動有能感の３因子との関係を分析した結果、３因子全てにおいて得点が高い児童生徒が運動の楽しさ因子の全てにおいて高得点を示すことが明らかであった。このことは、運動有能感の高い児童生徒は低い児童生徒に比べて、より運動を楽しんでいることを示している。

岡澤・仲田[8)]は大学生及び専門学校生を対象に運動嫌いと運動有能感との関係を分析し、運動有能感を構成する全ての因子が低い学生が運動嫌いの傾向があることを明らかにしている。このことから、運動嫌いの原因のひとつが運動有能感の欠如であることが示された。そこで、運動嫌いをなくすためには運動有能感を高めることが有効であると考えられる。

以上の研究結果は、運動に進んで参加する（＝運動に内発的に動機づけられた）児童生徒を育成するためには、運動有能感を構成する「身体的有能さの認知」「統制感」「受容感」のいずれの要素を高めることによっても可能であることが示された。しかし、これらの研究は、実際に運動に参加しているかどうかということではなく、運動有能感の得点との相関的な分析をした研究であり、実際の運動活動との関係を分析する必要がある。

岡澤・木下[9)]は運動有能感が運動クラブ活動に及ぼす影響を検討するため、高校１年生から３年生の生徒705名に運動有能調査と、中学校及び高等学校での運動クラブへの参加の有無を調査した。調査対象をＡ群（中学高校無所属）、Ｂ群（中学高校どちらかだけ所属）、Ｃ群（中学高校

表1　運動有能感が運動部参加に及ぼす影響（男子）

	A群 中高運動部無所属			B群 どちらかだけ所属			C群 中高運動部所属			F値	多重比較
	MEAN	(SD)	N	MEAN	(SD)	N	MEAN	(SD)	N		(LSD p<.05)
身体的有能さの認知	5.70	(1.84)	20	11.23	(4.06)	69	11.91	(3.65)	256	26.88***	A＜B, C
統制感	11.95	(3.91)	20	14.76	(4.21)	71	15.76	(3.52)	251	10.94***	A＜B＜C
受容感	10.37	(3.22)	19	12.83	(3.40)	71	14.62	(3.08)	257	22.44***	A＜B＜C
運動有能感合計	27.79	(6.99)	19	38.93	(9.29)	69	42.37	(8.35)	248	28.24***	A＜B＜C

(* P<0.05　** P<0.01　*** P<0.001)

出典）岡澤祥訓・木下まどか, 2005,「運動有能感が運動部活動参加に及ぼす影響について」,『奈良体育学会研究紀要』, 9, 19.

表2　運動有能感が運動部参加に及ぼす影響（女子）

	A群 中高運動部無所属			B群 どちらかだけ所属			C群 中高運動部所属			F値	多重比較
	MEAN	(SD)	N	MEAN	(SD)	N	MEAN	(SD)	N		(LSD p<.05)
身体的有能さの認知	7.45	(3.11)	96	9.67	(3.34)	108	11.47	(3.05)	134	45.31***	A＜B＜C
統制感	12.30	(3.56)	98	14.70	(3.05)	110	15.60	(3.00)	133	31.32***	A＜B＜C
受容感	11.67	(3.61)	96	13.67	(3.25)	109	15.72	(2.86)	134	45.74***	A＜B＜C
運動有能感合計	31.42	(7.56)	92	38.01	(7.36)	107	42.85	(7.19)	131	65.32***	A＜B＜C

(* P<0.05　** P<0.01　*** P<0.001)

出典）岡澤祥訓・木下まどか, 2005,「運動有能感が運動部活動参加に及ぼす影響について」,『奈良体育学会研究紀要』, 9, 20.

所属）の３群に分け、分析を行った。

結果、表１、表２に示されたように、男女ともに長く運動部に所属している生徒の方が所属していない生徒よりも、運動有能感の全ての因子とその合計点が有意に高いことが明らかであった。

以上のように、「身体的有能さの認知」だけでなく、「統制感」「受容感」の高い生徒の方が運動を楽しんだり、運動嫌いでなかったりすることが明らかであった。また、運動部への参加や継続する生徒において、運動有能感を構成する３因子全てが高いことが明らかであった。これらの結果は、運動有能感を高めることによって、運動に積極的に参加する児童生徒を育成することが可能であることを示していると考えられる。

第２章　運動有能感を高める体育授業づくり

第１節　個人スポーツの集団ゲーム化

先述したように、運動有能感を構成する３因子とその合計点で示される運動有能感は、運動嫌いや体育授業に消極的に参加する児童生徒を運動に内発的に動機づけることが可能であることが示された。そこで、運動が苦手であると考えられる運動有能感の低い児童生徒の運動有能感を高める授業のあり方について、検討を加えることを試みた。

水谷・岡澤[10]は、個人スポーツの集団ゲーム化の観点から、小学校５年生のクラスで走り幅跳びの授業実践を行った。走り幅跳びは「走って跳ぶ」という運動自体がもつ楽しさや、「より遠くへ」という自己の記録への挑戦ができる教材である。しかし、個人種目であり、記録という明確な基準があるので、能力差がはっきりあらわれる種目でもある。それゆえ、運動能力の低い児童にとっては運動有能感を低下させてしまう可能性があると考えられる。一方、個人種目の特徴は、個人の伸びを示すことができるということでもある。そこで、運動有能感が低い児童の運動有能感を高めるためには、他の児童と比較するという「相対評価」から、記録がどれだけ伸びたのかという「個人内評価」に児童の意識を変える工夫を行うことが有効だと考えた。しかし、運動有能感が低い児童にとっては、個人内評価にしても、実際に跳んだ記録は他の児童の記録よりも低くなることが多く、運動有能感を高めることは難しい。しかし、仲間がその伸びを認めてくれれば、運動有能感を高めることができるのではないかと考えた。走り幅跳びという個人種目の「個人記録」を、「個人の記録の伸び」という個人内評価にし、仲間がその伸びを喜んでくれるように、伸びの平均をグループ間で争うという集団ゲーム化の工夫を行った。

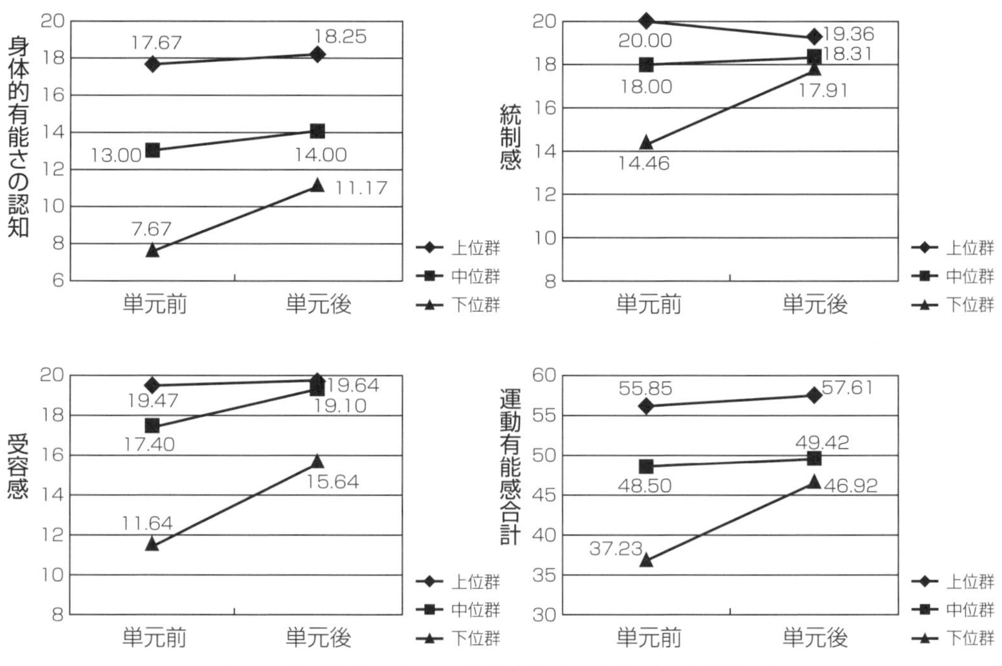

図１　単元前後における運動有能感の変化（走り幅跳び）

出典）水谷雅美・岡澤祥訓，1999，「運動有能感を高める走り幅跳びの授業実践―個人スポーツの集団ゲーム化―」，『体育科教育』，47（9），70の表を基に作成.

授業は小学校５年生の38人クラス10時間の単元で行われた。結果、「身体的有能さの認知」「統制感」「受容感」「運動有能感（合計）」の全ての因子が有意に高まり、特に得点が低い児童の得点が高まる傾向が見られた。

走り幅跳び同様に、鉄棒やマット運動でも個人スポーツの集団ゲーム化を行ったが（単元の最初に技調べを行い、単元中にできなかった技がいくつできるようになったというように、技の増えた数で集団ゲーム化の実践を行った）、同様の結果が得られた。

個人内評価を用いた授業づくりとは異なるが、個人スポーツを集団ゲーム化する方法は従来から用いられている。例えば、陸上競技や水泳競技でのリレーは、誰かが遅くても他の児童生徒がその差を縮めることができるので、運動有能感が低い児童生徒も個人の競争より参加しやすくなることは容易に想像できる。同様に岡澤・徳田[11] はマット運動の授業で集団マット（単元の最終段階でグループの集団演技を発表する授業）の実践を行った。グループで協力して個人ができる技を組み合わせて発表するので一人ひとりに役割があり、努力したことを認めてくれるので、有能感が高まると考えた。10時間単元で授業を実践した結果、「統制感」以外は有意に高めることができた。「統制感」が有意に高まらなかったのはこのクラスの得点が高く、天井効果が見られたからだと思われる。

運動が苦手な運動有能感が低い児童生徒が、特に苦手な個人スポーツを集団ゲーム化することによって、運動有能感を高めることが可能であることが示された。発達段階や種目によって工夫できる内容は異なると考えられるが、個人スポーツの集団ゲーム化によって運動有能感を高めるという視点で考えると、今後さらに工夫できる内容があると思われる。

第２節　球技のような集団種目ではルールを工夫する

運動が苦手で上手にできないと感じていると思われる運動有能感が低い児童生徒は，運動する前から自分にはできないとあきらめてしまっていることが多くある。このような児童生徒にやってみようと思うような状況をつくることで積極的にゲームに参加しようと思える工夫をすることが必要であると考えられる。

１．セストボール

岡澤・辰巳[12] はこの問題に対処するためにセストボールを取り入れた。セストボールは世界選手権も行われているボールゲームで、日本には奈良教育大学に教員研修生として留学してきたエンリケ・ロペスによって紹介されたバスケットボールに似たゲームである。セストボールはドリブルを使わずにパスのみでボールを運び、双方のコートの中央部に置かれた玉入れの籠のようなゴールにシュートして得点を争うゲームである。バスケットボールのゲームでは運動有能感が低い児童生徒はシュートができないだけでなく、パスをもらうこともなくゲームが終わることが

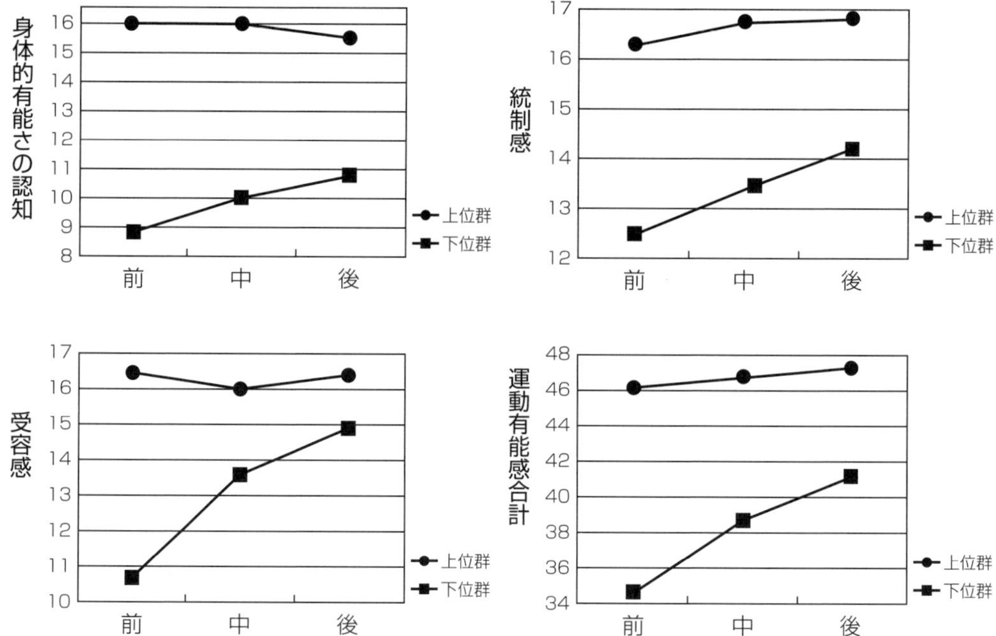

図2　単元前・中・後における運動有能感の変化（セストボール）

出典）岡澤祥訓・辰巳喜之，1999，「運動有能感を高めるセストボールの授業実践」，『体育科教育』，47（12），48の表を基に作成．

多くある。そこで、全員がパスをつないでシュートすることが容易になるバスケットボールへの移行段階のゲームとして、このセストボールを小学校５年生のクラスにおいて７時間の単元で実践した。この実践ではセストボールを教材にするだけでなく、ゲームの開始前に全員がフリースローを行いシュートが決まった場合は得点を入れ、その得点からゲームを開始した。これ以外にも多くの運動有能感を高める工夫を行い、結果、「統制感」「受容感」「運動有能感（合計）」はクラス全体を高めることができた。さらに、「身体的有能さの認知」は得点が低い下位群の得点を有意に高めることができた。

図２のように、運動有能感が低い児童も「参加してみよう、チャレンジしたらできる」と思えるようルールを工夫することによって、運動有能感は高められることが明らかであった。特にこの取り組みでは運動有能感が低い児童の運動有能感が高まる傾向が見られた。

セストボール同様、ルールを工夫することで運動有能感が低い児童生徒の運動有能感を高めるのに特に有効であると考えられる教材としてはドカンバレーボールと三球性ソフトボールがあげられる。

2．ドカンバレーボール

バレーボールは失敗が即失点になるため、苦手な児童生徒はボールに触ろうとせず、サーブで得点になることが多くなる。そこで、苦手な児童生徒にも積極的にレシーブしてもらえるよう工夫されたのが「ドカンバレーボール」である。ドカンバレーボールは、サーブが誰も触れずに床に着いた場合、失点を２点にするというルールの変更を行ったバレーボールである。この場合、レシーブしようとボールに触って失敗しても失点は１点になり、結果失敗しても１点得点したと感じることができる。そのうえ、仲間も触れたことを褒めてくれるので、次は成功しようと積極的にレシーブするようになる。このように、得点を利用して「やってみよう」と行動することを促す方法を、一般的にボーナス点と呼んでいる。このボーナス点は、男女共習のクラスで女子が得点すると得点を２倍にすることによって、女子が積極的に参加するようになるという工夫として利用している教師も多くいる。

３．三球性ソフトボール

ソフトボールのゲームでは、バッティングに自信がもてない児童生徒は、どうせ三振する、アウトになると思ってバッターボックスに入り、ヒットを打とうと思ってバットを振っていないことが多い。そこで、ピッチャーをバッターと同じチームの児童生徒が行うようにルール変更されたのが「三球性ソフトボール」である。三球性ソフトボールでは、投げる球は全てストライクにするので、打てないと思っている児童生徒も「味方のピッチャーが投げている、打たせてくれる」と感じてバットを思いきり振ることができ、その結果ヒットが打てるようになる。

以上のように、球技で「やってもできない」と思っている児童生徒が「できそうだ」「やってみよう」と思えるようなルールの変更は、運動有能感の低い児童生徒には特に有効な方法である。これ以外の球技にも応用できる内容であると思われるので、新たな取り組みにチャレンジしていただきたい。

終章　運動有能感を高める授業づくりに向けて

1996（平成８）年に運動有能感の測定尺度の作成を行い、この尺度を用いて、運動参加や運動への内発的動機づけとの関係を分析した。その結果、運動有能感の構成要素である「身体的有能差の認知」「統制感」「受容感」の３つの因子はどの因子を高めても積極的、主体的に運動に参加する児童生徒の育成が可能であることが証明された。そして、運動有能感を高める授業づくりに取り組んだが、モデルとなる実践はできたと思う。しかし、もっと多くの側面から有効な授業づくりは可能である。

私たちの研究室では運動有能感を高める教師行動の研究も多く行ってきた。これらの研究も整理して、一人でも多くの運動嫌いの児童生徒が運動を好きになってくれるように今後も努力していきたい。

【文献】

1）岡澤祥訓，1998，「なぜ，有能感なのか」，『体育科教育』，46（6），70-72.
2）Deci, E. l., 1975, *Intrnsic motivation*, Plenum Press.（安藤延男・石田梅男訳，1980，『内発的　動機づけ—実験社会心理的アプローチ—』，誠信書房）
3）岡澤祥訓・北真佐美，1998，「運動有能感の構造とその測定方法」，『体育科教育』，46（8），69-71.
4）岡沢祥訓・北真佐美・諏訪祐一郎，1996，「運動有能感の構造とその発達及び性差に関する研究」，『スポーツ教育学研究』，16（2），145-155.
5）前掲書2）.
6）岡澤祥訓・三上憲孝，1998，「体育・スポーツにおける『内発的動機づけ』と『運動有能感』との関係」，『体育科教育』，46（10），47-49.
7）岡澤祥訓・諏訪祐一郎，1998，「『運動の楽しさ』と『運動有能感』との関係」，『体育科教育』，46（12），44-46.
8）岡澤祥訓・仲田幸代，1998，「運動嫌いと運動有能感との関係」，『体育科教育』，46（13），42-44.
9）岡澤祥訓・木下まどか，2005，「運動有能感が運動部活動参加に及ぼす影響について」，『奈良体育学会研究紀要』，9，18-21.
10）水谷雅美・岡澤祥訓，1999，「運動有能感を高める走り幅跳びの授業実践—個人スポーツの集団ゲーム化—」，『体育科教育』，47（9），68-71.
11）岡澤祥訓・徳田直子，1999，「運動有能感を高める集団マットの授業実践」，『体育科教育』，47（11），54-56.
12）岡澤祥訓・辰巳喜之，1999，「運動有能感を高めるセストボールの授業実践」，『体育科教育』，47（12），46-49.

『体育科教育』（大修館書店発行）への連載一覧

岡澤祥訓，1998，「なぜ，有能感なのか」，『体育科教育』，46（6），70-72.
岡澤祥訓・北真佐美，1998，「運動有能感の構造とその測定方法」，『体育科教育』，46（8），69-71.
岡澤祥訓・辻朋枝，1998，「運動有能感の発達傾向に関して」，『体育科教育』，46（9），54-56.
岡澤祥訓・三上憲孝，1998，「体育・スポーツにおける『内発的動機づけ』と『運動有能感』との関係」，『体育科教育』，46（10），47-49.
岡澤祥訓・諏訪祐一郎，1998，「『運動の楽しさ』と『運動有能感』との関係」，『体育科教育』，46（12），44-46.
岡澤祥訓・仲田幸代，1998，「運動嫌いと運動有能感との関係」，『体育科教育』，46（13），42-44.
岡澤祥訓・馬場浩行，1998，「運動有能感が体育授業中の生徒行動に及ぼす影響」，『体育科教育』，46（14），43-45.
岡沢哲子・北真佐美，1998，「運動有能感とジェンダーに関する問題」，『体育科教育』，46（16），50-52.
岡澤祥訓・三上憲孝，1998，「選択制体育授業に及ぼす運動有能感の影響」，『体育科教育』，46（18），43-45.
岡澤祥訓・真庭美保，1999，「有能感運動を高める方法 その1—現職教師に対するインタビューの結果から—」，『体育科教育』，47（1），49-51.
岡澤祥訓・加地亜野，1999，「有能感運動を高める方法 その1—運動有能感と集団凝集性との関係—」，『体育科教育』，47（4），45-47.
岡澤祥訓・木村憲章，1999，「運動有能感と自己決定欲求との関係」，『体育科教育』，47（5），60-63.
岡澤祥訓・辰巳喜之，1999，「運動有能感を高める原因帰属のあり方」，『体育科教育』，47（7），53-56.
元塚敏彦，1999，「『運動に関する有能感』を高める工夫—『ペースランニング』と『バスケットボール』の授業実践をもとに—」，『体育科教育』，47（8），70-72.

水谷雅美・岡澤祥訓，1999,「運動有能感を高める走り幅跳びの授業実践―個人スポーツの集団ゲーム化―」,『体育科教育』，47（9），68-71.

岡澤祥訓・徳田直子，1999,「運動有能感を高める集団マットの授業実践」,『体育科教育』，47（11），54-56.

岡澤祥訓・辰巳喜之，1999,「運動有能感を高めるセストボールの授業実践」,『体育科教育』，47（12），46-49.

水谷雅美・岡澤祥訓，1999,「運動有能感を高めるリズム体操の授業実践」,『体育科教育』，47（13），57-59.

岡澤祥訓・畠山竜太郎，1999,「運動有能感を高める卓球の授業実践」,『体育科教育』，47（15），73-75.

岡田賢司・岡澤祥訓・元塚敏彦，1999,「運動有能感を高めるペースランニングの授業実践」,『体育科教育』，47（16），62-64.

岡沢哲子・谷口典子，2000,「幼児期における子どもの運動有能感を高める」,『体育科教育』，48（1），67-69.

岡沢哲子・前田宏美，2000,「教師の個々に応じる保育が運動有能感に及ぼす影響」,『体育科教育』，48（3），70-72.

岡澤祥訓，2000,「連載を終わるにあたって」,『体育科教育』，48（4），54-56.

保健体育（体育）を教えるって
なんだろう？

高田俊也

序章　保健体育（体育）を教えることができる教師になるために

各大学では、教科教育法、中等教科教育法、初等教科教育法など様々な名称で、保健体育（体育）の指導法を含む教職の内容として、教師を志す学生に向けて教科の指導法に関わった内容が享受されている。実際、教師になって学校教育現場でその教科の指導に携わっても、指導力向上のため、飽くなき探求のもと研修などで自己研鑽を行っていることは少なくない。また、教員免許更新制度においても、研鑽することは義務づけられている。

各種制度については各々に議論していただくとして、大学における教科教育法の授業や学校教育現場で実際に話をしている中で、ふと疑問に思うことが少なくない。つまり、保健体育（体育）は何を教える教科なのかや、保健体育（体育）が嫌いな人に子どもたちを好きにするための指導の仕方は伝わっているのだろうか等の疑問を含め、以下、本稿で考えてみたい。

第１章　教師になるために
――保健体育（体育）を勉強するということ――

学生の頃、保健体育科に所属し、保健体育の免許を取って教師を目指すことに何の疑問もなかった。保健体育（体育）が好きと言えば好きだし、他の教科に比べ、できる（できないこととできることに大差はあったが……）という理由だけで専攻したのかもしれない。教師を目指していたかと言えばそこも定かではなかったのかもしれないが……。

大学では、当然、保健体育（体育）の知識を学び、保健体育（体育）の技術を身につけ、それを教えることができるようになることが目的ゆえに、保健体育科に集った。そこで教えてくれる先生たちは、中谷先生や岡澤先生ら、所謂、保健体育の専門の先生たちであった。しかし、保健体育の教師になるとはいえ、教職という幅広い教養を発揮せねばならない職業では保健体育（体育）の知識だけではなく、その他に教師として必要な知識も身につけなければならない。そのためには、好きでもなかったかもしれないし、面白さも感じていなかったのかもしれないが、教師になるために必要な単位をそろえることに終始していたようにも思う。

さて、私自身、上のように考え、教師を目指し大学では単位を取得してきたのであるが、改めて考えられる教師になるために求められる能力とはいったいなんであろうか。1つの考え方として図1を示す。

この図にあるように、個人の資質として「好きであること」は、教師になるうえで重要な基盤

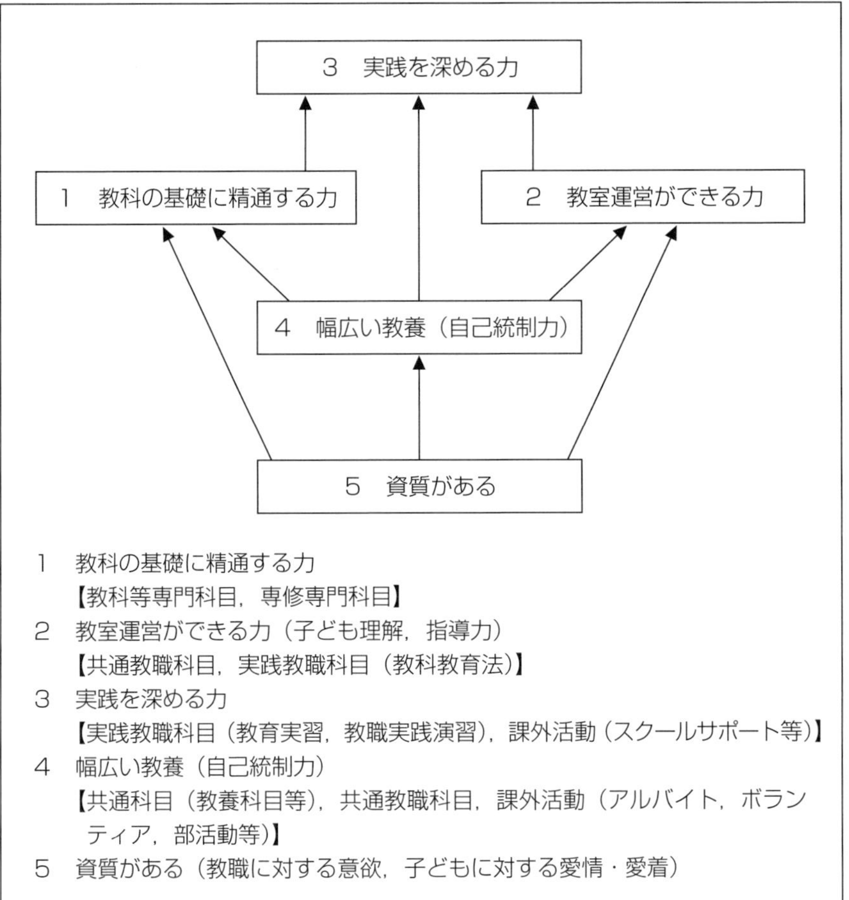

図１　教員になるために求められる能力について

であると考えられるが、同時に、人としての幅広い教養も必要であり、それらを踏まえて教科に精通する力を身につけなければならない。つまり、専門とする保健体育（体育）の知識や技能は好きだから獲得できたが、そのほかについては単位をそろえるために努力はしたが、実際に学習成果は獲得できていなかったかもしれない、ではだめなのである。しかし現実には、立場や時代が代わっても、常に保健体育（体育）の教科に集う教師や学生は、保健体育（体育）を好きな人がほとんどで、好きという資質をエネルギーにいろいろな勉強をし、学習成果を得ているというのが実情である。

そう考えれば、小学校でも中学校でも高等学校でも、保健体育（体育）を勉強する人や成果獲得を望んで目指す人、言い換えれば、保健体育（体育）のイメージと直結する保健体育（体育）ができる人は、自ずと好きな人になってしまうように思われる。そのため、できない子や体力の不足する子にとっては、苦手や嫌いなことを強要されているにすぎないとも考えられ、これは学校教育現場における課題と言える。好きなことばかりに取り組み、嫌いや苦手なことから逃げていてはいけないだろう。しかし、保健体育（体育）科で言えば全ての内容としての運動ができるようにと考え、また、同様に学校で教えられる全ての教科の内容ができるようにと子どもたちにその考えを押し付ければ、そこにでき上がる子どもはどんな子どもとなろうか。

ところで、「保健体育（体育）を勉強する」ということを考えるうえで、校種の異なりは大きく影響する。これは他の教科においても同様かもしれないが、便宜上、保健体育（体育）について考えてみると、何よりも保健体育（体育）の学習成果は幼少期からの積み重ねによるものであり、小学校での指導が重要になるはずである。子どもの頃や学生の頃の教科に対する取り組みを振り返ると、好きでなければなかなか受け入れられなかったことは容易に理解できる。とはいえ、小学校の教師には全ての教科を網羅する広範な指導力が求められ、苦手な教科についての知識も身につけることが求められる。教育学部や教員養成大学の、初等と中等以上の教育課程をもつ大学以外では、自らが好きな（得意な）教科の内容がカリキュラムにないこともある。また、教員養成であっても（これは何も保健体育科や体育科に限っての問題ではない）、保健体育科以外の学生が小学校で保健体育（体育）を教えるための知識獲得の機会は非常に少なく限定的である。実際の教育現場でも１つの小学校に必ずしも大学で保健体育を専攻し専門とした教師がいるとも限らない（これは他の教科であっても同様である）。しかし、苦手であっても教職故に、「指導」しなければならないという職業観にとらわれ、少なからず試行錯誤するものの、苦手や嫌いという気持ちのまま子どもたちの前に立っていることになる。

このように、「好き・得意」でない人が指導者になり、教える立場になった時、自らの嫌いになった経験をもとに指導することも少なくない。また仮に教師となって指導につまずいたとしても、教職に就いた後の研鑽で好んで「嫌い・苦手」な教科を選択することはさほど多くない。

もし仮に保健体育の本意に応じて、保健体育（体育）の知識を獲得する機会を増やしたとしても、それは全ての教科に当てはまることとなり、学生は何年経っても教師にはなれないであろうし、先の子どもに強要していることと何ら変わらない。このような教員事情や教師になるための資質能力の向上を念頭に、初等教育の段階で教科担任制を取り入れようとする動きも見られるが、これについては別途、議論が必要である。

一言だけ述べると、後述のように、子どもの人間形成を図る教師の振舞いとして、子どもの多面的な側面を知ること、つまり、個々人の各教科の好嫌などを知ることは、教師が人間形成を図るうえで重要で、その側面としての子どもの様々な顔をクラス担任であれば見ることはできる。しかし、教科担任制ではその教科の側面からしか子どもの顔を見ることができない。子どもの多面性を統合するには、常に多くの教師間で子どもの情報交換の場や時間を密にすることが必要になるため現実的ではない。

第2章　保健体育（体育）は何を教える教科なのか

保健体育（体育）科において「何を教えるのか」の問に対して、保健体育科教育や保健体育科教育学に関わる多くの書物では、解を目的・目標論として示されている。その中には学習指導要領にみられるものや、歴史的な変遷をとらえ現代に至るまでの概念が語られ、保健体育（体育）科の目標が言及されている。例えば、『体育科教育学の探求』[1]にみられるように、「身体の教育」から「運動による教育」「運動の教育」ととらえ、そこでの教科の目的や目標が論じられたり、また、学校体育研究同志会の運動文化論[2]や、欧米の動向のひとつとしてシーデントップの『楽しい体育の創造』にみられる運動への志向性をとらえたものも目標として示されている[3]。当然ながら、保健体育（体育）科の内容を指導する教師や、教師を志す学生はそのことを理解し、子どもたちに教えるべき「何」に答えるための目的・目標を据えなければならない。しかし、現実には現行の保健体育（体育）科の目標であったり、理解しやすい目標論を知識として獲得することに精一杯で、具体的な授業実践にまで考えは及ばない。より具体的に保健体育（体育）科の目標として理解し授業実践に考えが及ぶようにするためには、次のような考え方が妥当であろう。

まず、運動に生来的に備わる機能的特性から分類されたものとして「1．体力領域（physical fitness domain)、2．運動領域（skill domain)、3．情意領域（affective domain)、4．社会的行動領域（social behavior domain)、5．認識領域（cognitive domain)」に分類されているものがある[4]。そのほか、先のシーデントップが述べている、「運動の目標を、運動（プレイ）の文化的内容に対応して、1．運動技能の向上、2．運動に関する知識の習得、3．運動の社会的行動の習得の3つの目標に加えて、4．運動への志向性の向上という情意目標に統合される。」ととらえているもの[5]、さらに，クルム[6)7]は、保健体育（体育）の学習諸領域を「運動技術の学習」「社会的行動の学習」「認識的・反省的学習」「情意的学習」の4つの学習領域でとらえている。

これらを踏まえ、高橋[8]が提唱しているように、現行の学習指導要領の背景にもなっている目標構造（図2）が学生にとって最も具体的で理解しやすく、授業実践を具体的にイメージさせることができるようである。

このように保健体育（体育）の授業では，運動に対する愛好度を高める、つまり、情意目標を方向目標として達成させるために、運動技能や体力の向上、基礎的な知識、社会的規範や仲間関係という内容に符合した各々の到達目標を達成させるという教育が必要とされ、行われている。

しかし、そのような教育を受けてきたはずの大人や、実際に今受けている子どもたちで「苦手」や「嫌い」な子どもたちにとっては、「保健体育（体育）＝できる・できなければならない」というイメージが強い。つまり、保健体育（体育）は運動技能や体力向上という技能（運動）目

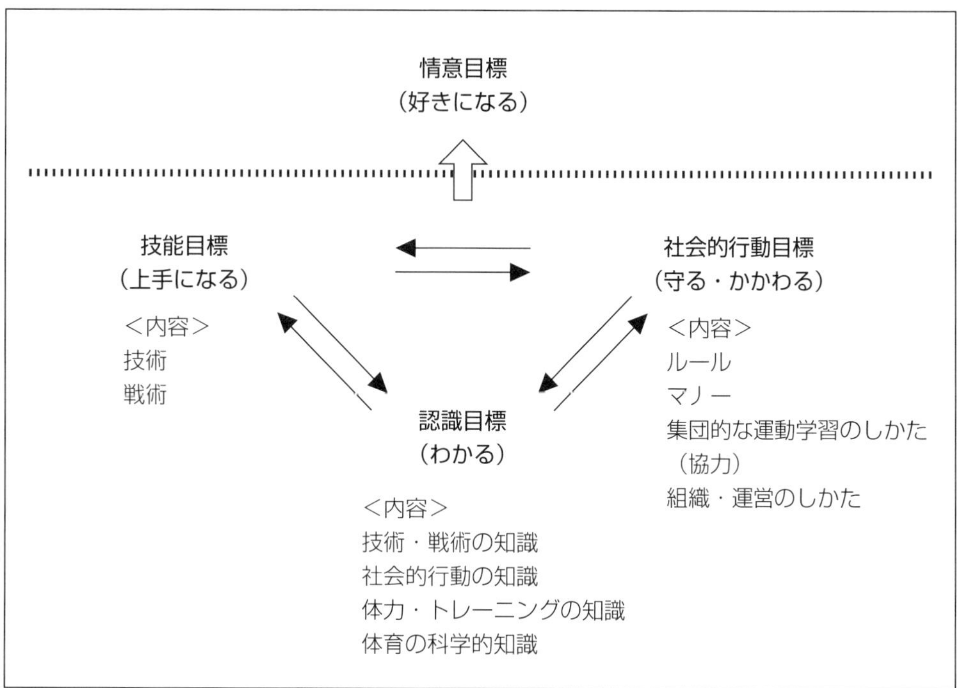

図 2　体育の具体的目標の構造

出典）高橋健夫，1994,『体育の授業を創る』，大修館書店，13.

標が全てのようにとらえられている。一方で、「得意」や「好き」な人たちにとっては、「保健体育（体育）＝できる」は当たり前で、「苦手」や「嫌い」な人たちがなぜできないのか、なぜ嫌な気持ちなのか、など想像すらしたことがないことも少なくない。

大学の講義では、これらを理解するために AV 教材を用いている。内容は、徒競走などでゴールテープを切ったことのない足の遅い男の子に、テープを切らせるためのクラスでの子どもたちの取り組みである。クイズ形式・ドキュメント仕立ての番組で、運動会のクラス対抗リレーで、クラスみんなで協力して男の子にアンカーとしてテープを切らせるというものであった。実際に、クラスでバトンの受け渡しや走る練習を毎日のように行い、運動会のリレーの場面では男の子は見事１位でゴールしゴールテープを切ることができ、クラスみんなから胴上げをしてもらうという感動のクライマックスであった。このドキュメントをみたほとんどの人が感動し、苦手や嫌いな人ですら「体育はいいなぁ～」「体育は大切だなぁ～」という気持ちになる。また、保健体育（体育）の得意や好きな人は、感動と同時に苦手な人の気持ちが少しわかった気がするとも答える。つまり、先の高橋の目標構造の方向目標としての情意目標が誰しも理解できるということになる。

ところで、このドキュメントの中で、あるパネラーがゴールテープを切らせるための工夫として「１人で走れば簡単にゴールテープは切ることができる」と答えた。確かに、目標構造に照らして考えてみると、「ゴールテープを切ること」は、技能（運動）目標の内容としてとらえることができ、その目標の達成だけを考えればこの答えも１つの手段となるはずであるが、それでは情意目標の達成は見込めないということは自明であり、誰しもが理解できることである。

しかし、実際の指導の中ではそれに似たことを行っているのである。つまり、好きでなく「苦手」や「嫌い」な子どもに対して、できないことをできるようにするという、技能目標を達成させようとしてしまうのである。体育の内容に関わった指導を熱心に行う教師は、目標構造をもとに整理すると、社会性の目標達成は何も保健体育（体育）の授業でなくても獲得できるし、認識の目標達成も同様であるが、「できないこと」の技能目標の達成は、教師の指導なくしてはあり得ないと考えてしまい、さらに、できたら好きになるはずだと盲目的に指導を行ってしまっているのではないだろうか。

ここに好きな人と嫌いな人の根本的な差があると考える。保健体育（体育）の指導者は保健体育（体育）が好きな人であり、好きだからこそ、できないことができればより好きになる、つまり、これまでの積み重ねにより方向目標である情意目標の達成がある程度進んでいる人からすれば、「できないことができれば好きになる」なのである。しかし一方、嫌いな人からすればこれまでの積み重ねがない。つまり方向目標の達成どころかその存在すらない人からすれば、当然、技能目標の達成が好きにつながることはないのである。言い換えれば、技能目標の達成がなされていなければ、その達成がより好きになると考えていることが先の指導となっているのではないだろうか。

では、どうすれば好きになり、技能の目標も含め到達目標の達成がなされ、方向目標としての情意目標の達成はなされるのであろうか。

図３は桜井[9]の示す内発的学習意欲の発現プロセスである。このプロセスは、学習者個人の「やる気」や「楽しい」という気持ちを生み出すメカニズムで、内発的学習意欲のみなもと（源）を土台として「やる気」や「楽しい」があらわれる。この源からすれば、単に仲間（他者）が受け容れるだけではエネルギーにならないため、自己の「できる」という有能感や「やればできる」という自己決定感が高まる取り組みをまず行うこと、つまり、保健体育（体育）の内容に関わった自分が少しでも「できる」ことから始めることが重要である。

具体的に言えば、技能が苦手で嫌いな子の、技能に対する有能感や自己決定感は決して高いはずがなく、他者が「頑張れ」や具体的なアドバイスなどの受容を行ったとしても、やる気や楽しいという気持ちを生み出すエネルギーにはならないのである。そのような子どもたちには技能からではなく、保健体育（体育）の内容に関わる知識など、できることから取り組ませることが重要で、例えば、賢いが運動が苦手な子はまずは作戦を立てたりするというような取り組みから徐々に運動の技能獲得に向かわせることが寛容であろう。また、得意ではなくできないがみんなと力を合わせて活動できるから保健体育（体育）は楽しい、という子どももおり、この子どもに

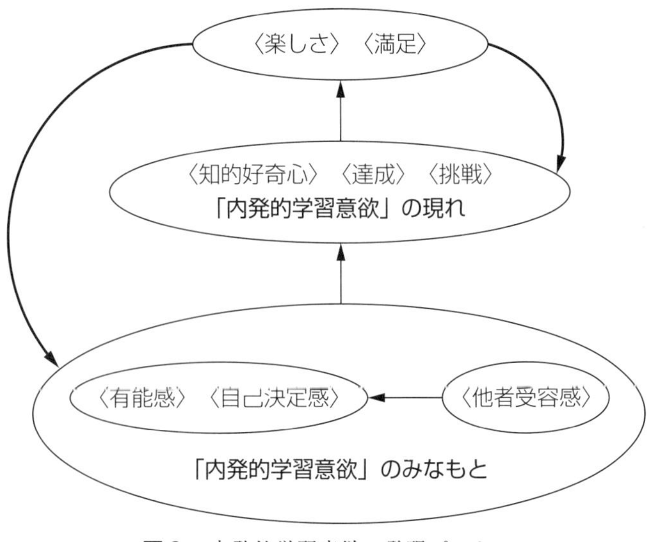

図 3　内発的学習意欲の発現プロセス

出典）桜井茂男，1997，『学習意欲の心理学——自ら学ぶ子どもを育てる』，誠信書房，19.

は社会性に関わった内容から他の技能目標の達成に向かわせ、方向目標としての好きにさせることが適切なのであろう。

このように考えれば、図 2 で高橋[10]の提唱している目標構造における到達目標のうち、取り組み可能な内容をきっかけにその目標を達成させ、結果、情意目標を繰り返し達成させることで、技能教科である保健体育（体育）の技能の内容にまでたどりつければよいのである。当然、技能の内容にまでたどりつき、結果、得られる情意目標の達成度合いの違いは、持ち合わせる技能レベルや運動の経験や体験の違い、そして何よりもそこに至るまでの好嫌の異なりが影響するはずである。つまり、保健体育（体育）が好きと思わせることを技能のできばえからもそう思えるようになるためには、人によって時間がかかるということである。

このことは子どもたちだけでなく、指導する教師にも同じように考えられ、指導という観念にとらわれればとらわれるほど偏向する。すなわち、ある人は自身の経験からできない技能を耐え忍び獲得するという技能に固執した指導になるし、逆に、技能獲得できなかった人にとっては自分ができないから指導できないと、保健体育（体育）に携わることすら嫌うことも考えられる。

つまり指導者であっても、苦手や嫌いという否定的な感情をもった人の保健体育（体育）に対するイメージである技能獲得という見解を取り除くか和らげることが必要である。そのため、高橋の提唱する目標構造を理解させ、子どもたちへの指導にまで及ぶようにするためには、先の子どもの話と同様に、目標のとらえ方をもとに、保健体育（体育）“で”教えるのか、もしくは保健体育（体育）“を”教えるのか、冷静に指導の考えをとらえ直すきっかけが必要となる。

第３章　保健体育（体育）の授業をつくるために
――改めて、授業とは――

「保健体育（体育）の授業とは何か」、漠然としたこの問に対し、学生の多くは保健体育（体育）の内容に関わって子どもたちに享受する場や、保健体育（体育）の内容を通してスポーツや運動のすばらしさを伝える場など、教科の内容に触れた解を必ずする。しかし、内容と方法を結びつけ具体的な問題の解決にまで及ぶ回答はまずない。このことが、目標や内容を授業実践に具現化する際につまずく、また近年頻繁に取り上げられる子ども把握と一致した授業展開を構想することに結びついていないのではないかと考えている。さらに授業をつくる際、どうしても直結する考えを学んだ授業（つまり、教科の指導方法を学んだ教科教育法の講義内容）や、実際に子どもたちに行わせる実技の内容だけで授業をつくるため、授業を受けている子どもたちに適切なのかどうかや、さらに踏み込んで、個々の課題解決に向けた授業には到底たどりつくことはない。

実際、教育実習などの授業づくりで求められることは、実技力や実技の経験、指導案の書き方などで、当然必要なことではあるが、そればかりに目が向くことも否めない。しかし、教師になるための大学でのカリキュラムを考えてみる時、いわゆる机上での知識を獲得する講義内容も含まれており、授業づくりのためにはそれらの知識も必要なのである。

そこで、図４に示した高橋[11]の体育科教育学の研究領域の層を用いて、授業を計画し実践に至るまでにどのような知識を援用する必要があるのか整理してみる。

この図は、研究成果を産出するという立場で研究領域を整理しているため、実際の授業づくりとは異なり、実践研究に至るまでを研究や論というくくりで説明しているので若干表現が異なることもあるが、あえて、授業づくりに至るまでに必要な知識獲得のための講義や、その講義のための知見産出の研究ととらえ、基礎的、理論的、実践的研究の層に着目して整理する。

まず基礎的研究の層には、体育の諸科学的研究や発達論などについての研究や論が示されている。すなわち、教育の枠組みを踏まえ、専門科学から産出された研究成果を様々な教育課題に対応できるように理論化するために必要な事実を提示する段階である。つまり、教授――学習過程をつくるための前提条件となる子どもたちの課題の分析を行い、その解決のためにどのような知識が必要であるか検討する段階である。

例えば、運動生理学の講義で学んだトレーニングの原則の知識を子どもの授業中の運動強度や時間等に照らして考えてみると、「体育が好きで毎日のように走り回ったり運動をしている子どもからすれば、体育の授業で少々走ったとしてもそれ以上に速く走れるようになることもないし、体力も高まらない（漸進性の原則）」「逆に、苦手や嫌いで体育の授業以外で運動することがない子どもが、週２回の１時間程度の授業で、できなかったことができるようになったり、体力がつ

体育科教育の実践的研究（授業研究）	教授―学習過程の実践を対象として、事実を記述・分析したり、仮説の検証を行なったりする研究	•記述・分析的研究 •プロセス―プロダクト研究 •アクション・リサーチ •多次元的方法による研究

仮説の提示↑　　↓仮説の検証

体育科教育の実践のための理論的研究	教授―学習過程の計画のための研究	•体育科の本質論 •目的・目標論 •内容論（教材論） •カリキュラム論 •方法論 •評価論 •学習環境論

事実の提示↑　　↓事実分析の視点

体育科教育の基礎的研究	教授―学習過程の前提条件に関かる基礎的研究 体育科教育学のメタ理論的研究	•教師論 •学習者論（発達論） •体育科教育史 •比較体育科教育学 •体育科教育の政策・制度論 •体育科教育を対象とする体育の諸科学的研究 •体育科教育学の科学理論・方法論

図4　体育科教育学の研究領域の層

出典）高橋健夫，1987，「体育科教育学の性格」，成田十次郎他編著，『体育科教育学』，ミネルヴァ書房，30.

く筈もない（反復性の原則や意識性の原則）」等、授業中の運動量について考えることができる。

また、逆上がりの指導で考えれば、例えば、運動学で学んだ逆上がりの動き（運動構造）の知識や筋の収縮（筋電図）の知識がなければ、逆上がりができない子どもが動作や力の入れ方など何でつまずいているのか明らかにならないし、また、そのつまずきが心理的な側面である恐怖心などからくるものであれば、その否定的な感情を取り除くためには心理学の知識も必要となるはずである。

次に理論的研究の層には、目的・目標論や方法論などが示されており、先の基礎的研究から提示された課題解決のための事実（知識）を用いて教授――学習過程の計画を行う段階である。つまり、授業実践の計画のために目的・目標論を用い、課題解決に適切な授業の目標を設定したり、つまずきの解決につながる指導の方法を計画したりと、理論的に解決するための手立てを含め、仮説としての実践を計画することが示されている。

そして実践的研究の層では、実践仮説にしたがって実際に実践が行われ，効果検証の結果、学習成果が得られれば、次の課題解決のための知識や手立てを用い、さらに実践仮説を立案することとなる。学習成果が得られなかった場合には、理論的研究の層で設定した目標が適切ではなかったのかもしれないし、指導者が持ち合わせるべき基礎的研究の層にあたる知識が欠如していたのかもしれない。指導のための知識を獲得するための勉強をするのか、それとも実践仮説として立てた目標を変更するのか、改善の手立てを検討しなければならない。

ところで、高田ら[12)]が考える現在の学校教育制度下の授業の意義からすると、授業は「効率良く学習成果を享受する」という側面と「個々の人間形成」という側面の両方を併せもっていると指摘している。この「効率良く」とは、教師が授業で学級集団に対し一斉に効率的に学習成果を導き出す学習指導を行うということである。一方「人間形成」は、特定の個人に対して「こんな人間になって欲しい」や「これをできるようになって欲しい」などという個々人の学習成果を目指すことである。すなわち、授業には集団に対して行われることで効率良く学習成果を導きだす側面と、個々人の課題に応じて非効率的ではあるが学習成果を導きだすという矛盾する二側面が内包されているのである。教師は「今、何が大切か」ということを絶えず考慮し、この矛盾する考えのもと、個人や集団に関わっていかなければならないといえよう。

このように、高橋の研究領域の層の考え方と高田らの授業の意義を踏まえて保健体育（体育）の授業をつくるためには、まず、個々の子どもの今解決しなければならない課題を考慮し、それぞれの課題解決のための知識を提示しなければならない。そして、それらを学級集団という単位での指導を可能にするために、適切な授業の目標を設定したり、つまずきの解決につながる指導の方法を計画したりと、理論的に実践を計画し、授業実践を行わなければならない。

終章　まとめにかえて

学部、大学院で学んだ保健体育（体育）の研究方法を駆使して研究を行い、研究のフィールドである学校教育現場で、保健体育（体育）授業を記録・分析し、授業改善のためにフィードバックを行うことで、子どもたちの課題解決と同時に学校教育現場の様々な課題に対応できるものと信じて取り組んでいた。その結果教師の子どもへの関わり方や教材の効果等、いろいろな事実とその問題解決の手立てを見いだしてきたと思っていたが、ある時、大きなショックを受ける出来事があった。

「こんなことばっかりやってられんわ！」「学校は保健体育（体育）だけやってればいいんじゃないんよ……」研究対象の先生の言葉である。研究対象の授業を行ってくれた先生からすると、管理職から言われて協力していたことや授業を見せることへのストレス、学校の多忙感からすれば“体育”の問題だけを解決したところでという気持であったにちがいない。

また、講義や講演等で大学の保健体育（体育）の先生に話を聞く人は、保健体育（体育）に興味がある人であり、今、そのことに課題がある人である。したがって、そこにいて話をしていても本当に話を聞いて欲しい人、つまり、苦手な人や嫌いな人など否定的な感情を持っている人には話せていないし、聞いて欲しい人に聞く耳を立ててもらえることもないであろう。

先の“こんなことばかり”のように、それだけをみれば大切なことであっても全体を見渡した時、その人にとって今必要なことなのか、その内容をまず精査しなければならないのである。

つまり、これまで述べてきたように、個々人の資質にもとづいて教師になるために必要な力を身につけさせたり、教師になって発揮させるためには、保健体育（体育）に携わる大学の先生や学校教育現場の指導的立場の教師が、保健体育（体育）の苦手な子どもや苦手な教師にどのような支援を行えばよいのかを常に考えていなければならない。授業の「効率良く学習成果を享受する」という側面と「個々の人間形成」という側面を踏まえ、自己の有能感や自己決定感が高まる取り組みとして、保健体育（体育）の内容に関わった自分が少しでも「できる」ことから始めさせるためにも、技能、認識、社会的行動のいずれかの到達目標の達成をきっかけに、方向目標としての情意目標を達成させることが重要である。これらは当然、子どもに指導するために重要な考え方ではあるが、実際に保健体育（体育）を指導する教師にも当てはまる話である。この繰り返しが保健体育（体育）の指導を好きにさせ、基礎的な保健体育（体育）の知識獲得のための研鑽を積んだり、個々の子どもの課題解決に適した目標や方法を選択した授業づくりができるようになるはずである。そして、そのことが学校教育現場の教師の日々の充実になり、子どもたちの幸せになるはずである。

【文献】

1）高橋健夫，1997,「第２章　体育科の目的・目標論」，竹田清彦他編著，『体育科教育学の探究』，大修館書店，18-40.

2）学校体育研究同志会，1989,『国民運動文化の創造』，大修館書店.

3）Siedentop, D., 1976, *Physical Education - Introductory Analysis, Second Edition,* Wm. C. Brown Company Publishers.（前川峯雄監訳，高橋健夫訳，1981,『楽しい体育の創造―プレイ教育としての体育』，大修館書店，259-293）

4）高橋健夫，1981,「体育（スポーツ教育）の目的・目標―欧米の新しい理論モデルの比較研究―」，近藤英男編，『スポーツの文化論的研究　体育学論叢Ⅲ』，タイムス，146-177.

5）前掲書３），259-293.

6）Crum, B., 1992, *The critical-constructive movement socialization concept.* International Journal of Physical Education, 19, 9-17.

7）Crum, B., 1987, *Physical Education in Tomorrows Schools - its Legitimation and Recommendations for Curriculum Planning.* International Journal of Physical Education, 3, 8-12.

8）高橋健夫，1994,『体育の授業を創る』，大修館書店，12-13.

9）桜井茂男，1997,『学習意欲の心理学―自ら学ぶ子どもを育てる』，誠信書房，16-22.

10）前掲書８），12-13.

11）高橋健夫，1987,「体育科教育学の性格」，成田十次郎他編著，『体育科教育学』，ミネルヴァ書房，14-34.

12）高田俊也・森田啓之・荒木勉，2000，「保健体育科教育実践学構築に向けて」，近藤英男他責任編，『新世紀スポーツ文化論』，タイムス，323-343.

保健の授業について

笠 次 良 爾

序章 「体育」の先生

将来、何の専門教科の先生になりたいかと学生に問いかけた時に、「保健体育の先生」ではなく「体育の先生」という学生が多い。確かに戦前の体育には、衛生という概念は含まれていたものの保健という科目はなかった。初めて「保健」の授業という存在が明確に規定されたのは、第二次世界大戦後、連合国軍占領を経て学制改革が実施され、1949（昭和24）年５月28日の附文部省通牒発学第261号によって中学校・高等学校の「体育科」が「保健体育科」に改称された時である[1)]。ただ、今の学生たちはそのような歴史的背景はまず知らないはずである。

かつて「雨降り保健」などと言われ、雨でグラウンドが使えず体育ができない時にやむを得ず保健を行うというスタンスもみられたが、学習指導要領で保健の授業について定められた現代では、保健体育の教員はすべからく保健の授業を担当するはずである。今の学生たちはこの学習指導要領に基づいた保健の授業を受けているにもかかわらず、保健体育の教員の呼称として「保健」という言葉がセットで出ず、「体育の先生」と呼んでしまうところに、今日の学校現場における保健の授業が抱える課題がある。

保健の授業はいかにあるべきかを考えてもらうためにこの稿を記したい。

第１章　保健とヘルスプロモーション

第1節　保　健

保健とは読んで字の通り、「健康を保つ」という意味を持つ。それでは健康はどのように定義されているのか。1946年７月22日にニューヨークで61か国の代表により署名された世界保健機構（WHO）憲章前文において、健康が次のように示されていることは非常に有名である。

> Health is a state of complete physical, mental and social well-being and not merely the absence of disease or infirmity.
>
> （健康とは、病気ではないとか、弱っていないということではなく、肉体的にも、精神的にも、そして社会的にも、すべてが満たされた状態にあること。）

この「健康」な状態を保つのが保健ということになるが、現代社会において身体的・精神的・社会的に完全に良好な状態を保つということが容易なことではなく、大人の社会だけでなく学校現場においても重要な課題として位置づけられていることは、1997（平成９）年９月に示された保健体育審議会答申「生涯にわたる心身の健康の保持増進のための今後の健康に関する教育及びスポーツの振興の在り方について」[2]をみても明らかである。この答申では、国民の健康を取り巻く社会状況について記した中で、学校における健康課題として、「児童生徒の体位は向上しているものの、体力・運動能力については逆に低下する傾向が続いている」ことや、「薬物乱用や援助交際、生活習慣病の兆候、感染症、いじめ、登校拒否等、児童生徒の心身の健康問題が、極めて大きな問題となっている」ことをあげている。また家庭の問題として、「核家族化や少子化の進行、父親の単身赴任や仕事中心のライフスタイルに伴う家庭での存在感の希薄化、子どもの生活習慣の育成に対する親の自覚の不足や自らの生活習慣を顧みない親の増加など、家庭の教育力が低下する傾向にあり、食生活をはじめとする基本的な生活習慣が身に付いていない子どもが増えている」ことをあげ、地域社会の問題としては、「都市化の進行等による地域連帯感の希薄化や地域の教育力の低下が見られるとともに、子どもたちの遊びの形態が著しく変化し、地域において日常生活の中で体を動かす機会や場も減少している」ことをあげている。すなわち、家庭の教育力、地域の教育力の低下を指摘しており、学校現場における保健教育を実施するにあたっては、目の前にいる児童生徒だけを意識し対象とするのではなく、その背景にある保護者、地域、そして社会全体の課題を念頭に置いた教育を展開する必要がある。

第２節　ヘルスプロモーション

先述の保健体育審議会答申では、現代社会における多岐にわたる健康課題に対する21世紀へ向けた健康のあり方として、WHO のオタワ憲章（1986年）において提唱された「ヘルスプロモーション」を重要な考え方として示している。WHO ではヘルスプロモーションについて、「Health promotion is the process of enabling people to increase control over, and to improve, their health.」（ヘルスプロモーションは、人々が自らの健康をコントロールし、改善できるようにするプロセスである）と定義している。これは、健康はただ単に保持するだけでなくより高いレベルに引き上げる、すなわち健康を保持増進させるという考え方である。つまり、私たちが意識しなければならない保健とは、健康の保持ではなく保持増進であるというのが現代の考え方であるといってよい。したがって、保健というのはただ単に健康を守ればそれでよいというような受身の姿勢ではなく、もっと主体的かつ能動的な取り組みとしてとらえる必要がある。2008（平成20）年１月17日の中央教育審議会答申「子どもの心身の健康を守り、安全・安心を確保するために学校全体としての取組を進めるための方策について」[3]でも、「Ⅰ　子どもの健康・安全を守るための基本的な考え方について（健康・安全に関する教育の方向性）」の項において、「学校教育においても、このヘルスプロモーションの考え方を取り入れ、現行の学習指導要領の総則において、体育・健康に関する指導は学校教育活動全体を通じ適切に行うものとしている。また、体育科・保健体育科における学習についても、ヘルスプロモーションの考え方が大幅に取り入れられている。」と示されている。現行の学習指導要領の保健領域はヘルスプロモーションの考え方が基礎にあると言える。具体的に文言として記されているのは高等学校学習指導要領である[4)]。保健体育の「現代社会と健康」の項で、「我が国の疾病構造や社会の変化に対応して、健康を保持増進するためには、個人の行動選択やそれを支える社会環境づくりなどが大切であるというヘルスプロモーションの考え方を生かし、人々が自らの健康を適切に管理すること及び環境を改善していくことが重要であることを理解できるようにする。」と記されている。以上の背景から、学校現場における保健の授業では「ヘルスプロモーション」の考え方を基礎に置く必要がある。

第３節　予防医学

従来から病気の予防や怪我の予防など、「予防」という言葉をよく耳にする。いわゆる予防医学であるが、学生に「予防医学でイメージすることは？」と問いかけると、病気にならないようにするための取り組みや、健康診断などという回答が返ってくる。ところが予防医学は病気や怪我にならないための医学だけでなく、なった後の医学も含まれる。

超高齢化社会を迎え、医療費や年金などの社会保障費は年々高騰化している。国民医療費[5)]は2013年度にはついに40兆円の大台を突破した。国民１人あたりにすると31万4700円になるが、これを年齢別に見ると、65歳未満では17万7700円であるのに対して、65歳以上の高齢者では72万4500円である。医療費の高騰を抑制するためには、一人でも多くの高齢者が元気で健康に生活し、高齢者にかかる医療費を抑えることが必要不可欠である。したがって現代においては、平均寿命の延伸よりも、寝たきりや認知症にならずに自立して健康に過ごすことができる健康寿命を如何に延ばすかが国家的な課題であり、これが予防医学的な考え方が注目される理由である。

予防医学とは、疾病の発生や進行、後遺症などを減らすための活動であり、一次予防、二次予防、三次予防と３つのフェーズに分けられている。一次予防は疾病や事故の発生防止と健康増進、すなわち病気や怪我を未然に防ぐ取り組みである。二次予防は疾病の早期発見と早期治療による健康障害の進展防止であり、疾病を早く発見・治療して、それ以上悪化しないように予防するものである。三次予防は適正な治療と管理指導で、機能障害や能力低下を防止したり、再発を予防したりするためのものである。対象に応じて、一次予防、二次予防、三次予防それぞれのフェーズに働きかけることで、より効果的な予防が期待できる。

以上のことから、健康の保持増進＝ヘルスプロモーションは、予防医学の中でも一次予防に分類されることがわかる。人々が健康であり続けるためには、一次予防が重要ということになり、教員は保健の授業における考え方の根底にある健康の保持増進が、予防医学における一次予防にあたるということを意識しなければならない。

第２章　健康日本21（第２次）と健康づくりのための身体活動指針（アクティブガイド）

わが国における国民健康づくり対策が本格的に始まったのは、1978（昭和53）年の第１次国民健康づくり対策からである。当初は妊産婦や乳幼児、家庭婦人の健康診査や老人保健事業の実施、市町村保健センターの整備など主に二次予防が重視されていたが、「アクティブ80ヘルスプラン」と称して1988（昭和63）年に示された第２次国民健康づくり対策では、生活習慣の改善による疾病予防、健康増進など、二次予防から一次予防を重視する方針へと転換した。そして2000（平成12）年に第３次国民健康づくり対策として示されたのが「21世紀における国民健康づくり運動（健康日本21）」[6)]である。これは全ての国民を対象として一次予防に重点を置いた対策である。その目的は、「21世紀の我が国を、すべての国民が健やかで心豊かに生活できる活力ある社会とするため、壮年期死亡の減少、健康寿命の延伸及び生活の質の向上を実現すること」である。本対策は厚生労働省生活習慣病対策室が所轄であり、生活習慣病（各種のガン、冠動脈疾患・脳血管疾患などの循環器疾患、高血圧、糖尿病）の予防に重きを置いた対策である。本対策の趣旨は「健康を実現することは、元来、個人の健康観に基づき、一人一人が主体的に取り組む課題であるが、個人による健康の実現には、こうした個人の力と併せて、社会全体としても、個人の主体的な健康づくりを支援していくことが不可欠である。」と記されている。

すなわち、健康づくりに対する個人の主体的な姿勢を引き出すことと、それを社会全体で支援していくことを重視しており、WHOが提言するヘルスプロモーションをわが国において具体的に推し進めるための施策であることがわかる。この施策とあわせて、「健康日本21」を法制化する目的で制定されたのが健康増進法である。そして具体的な運動指針として、「健康づくりのための運動指針2006（エクササイズガイド2006）」が打ち出された。本指針は、現在の身体活動量や体力の評価と、それを踏まえた目標設定の方法、個人の身体特性及び状況に応じた運動内容の選択、それらを達成するための方法を具体的に示したものである。

「健康日本21」は2000（平成12）年から2012（平成24）年まで実施され、最終評価では全体の約６割で一定の改善がみられたが、日常生活における歩数の増加や糖尿病合併症の減少など、９項目15.3％で悪化していると評価された。これを受けて、第４次国民健康づくり対策として策定されたのが「健康日本21（第２次）」である。これは2013（平成25）年から2022年までの期間を設定されたもので、健康増進の基本的方向として、「①健康寿命の延伸と健康格差の縮小、②生活習慣病の発症予防と重症化予防の徹底（NCD（非感染性疾患）の予防）、③社会生活を営むために必要な機能の維持及び向上、④健康を支え、守るための社会環境の整備、⑤栄養・食生活、身体活動・運動、休養、飲酒、喫煙及び歯・口腔の健康に関する生活習慣及び社会環境の改善」

をあげている。これらは、特に⑤を中心として学習指導要領の体育及び保健体育で取り扱われるテーマに多くが合致していることがわかる。健康の保持増進は一生涯を通じて取り組むべきものであり、義務教育を受ける児童生徒はまさにそのスタートラインに立っている。教員は目の前の子どもたちと学校現場だけでなく国全体の流れも意識しなければならないことを、頭の片隅に常に置いておく必要がある。

「健康日本21（第２次)」と併せて運動指針も「健康づくりのための身体活動指針（アクティブガイド)」[7] に改訂された。

新しい基準及び指針では「運動」ではなく「身体活動」と記されている。これは日常生活での総エネルギー消費量においては、運動による消費量よりも運動以外の身体活動による消費量（NEAT : non-exercise activity thermogenesis）の方が大きいことから[8]、運動以外の日常生活活動も含めて身体を動かすことを推奨するものである。さらに全ての世代において身体活動を今よりも少しでも増やすという観点から、「いつでもどこでも＋10（プラステン)」と銘打ち、ハードルを下げることを意識した指導内容にしていることも大きな特徴である。本基準ならびに指針は全ての世代を念頭に置いたものであることから、教員にもぜひ参考にしていただきたい。

第３章　行動変容

それでは学校現場における保健の授業はどのように展開するべきであろうか。野津[9] は、健康の保持増進のための実践力を育成するためには、教科教育の保健学習においては、まず習得する知識の内容が重要であるとしてその知識の中身に注目し、「実践する力となる保健知識の構造」という考え方を提案している。まず①事実的・現象的知識を知り、加えて②説明的・解釈的知識の理解を通して、③概念的・原則的知識の理解を深める。これらの事実認識の過程があってはじめて、④対策的・方法的知識及び⑤評価的・価値的・規範的知識を習得する意味が成り立つものとしている。そして児童生徒に実践や行動を直接的に促すような授業ではなく、学習の意味を理解して見通しをもって学ぶ中で、①から⑤それぞれの知識を丁寧に積み上げていく保健学習の展開が重要であるとしている。

一般に保健で扱うテーマは日常生活に密着していることから、教員と児童生徒双方において、いわゆる「経験知」としてこれまで生きてきた中で接してきたものが多いこと、現代はインターネット全盛の世の中で、検索エンジンで検索すればすぐに回答が得られたような気になることから、①から③の事実認識の過程を疎かにしがちである。しかし医学は日進月歩で進化しており、例えば心臓震盪という病態やAEDの普及など、５年から10年も前には一般に知られていなかったことが次々に明らかになり普及が進んでいることから、教員は①から③について常にアンテナを張り、正しい情報を入手して、その真偽を見極め、児童生徒に伝える必要がある。この点を疎かにして④、⑤といった実践的知識だけを教えても、児童生徒の腑に落ちる授業にはならない。

保健の授業の目標は、児童生徒が主体的に健康の保持増進を推し進めることができるように導くことである。そのために有用な考え方が様々な健康行動理論である。これを理解し学校教育の現場で応用することは、児童生徒の行動変容を導くために有用である。健康行動理論は数多く存在するが、竹中[10] はアメリカにおけるヘルスプロモーション活動で、川の流れに例えた上流・中流・下流アプローチを紹介している。上流は環境や規則など社会全体に働きかけるもの、中流は地域や職場、学校で行われるもの、下流は個人に焦点を絞った介入であり、それぞれのアプローチに適した理論がある。例えば、中流アプローチとしてあげられているのは社会的認知理論など、下流アプローチとしてあげられているのは健康信念モデル（Health belief model）やトランスセオレティカル・モデル（Trans theoretical Model）などである。児童生徒に直接働きかける手段としては、中流から下流のアプローチを念頭に置くとよい。

健康信念モデルは、ローゼンストック[11] やベッカー[12] などにより考案されたものである。これは健康に対して「このままではまずい」という危機感を持たせることと、行動することのマイナス面（障害）よりもプラス面（有益性）が上回る時に、ヒトは行動するという理論である。危機感を持たせるためには、今のままだと疾病にかかる可能性が高いという「罹患性」と、疾病になるとその結果が重大になるという「重大性」が必要である。これに行動のきっかけが加わり、行動することの有益性が上回ると、ヒトは行動するというものである[13]。

健康信念モデルは半世紀近く前から提唱されているクラシカルな健康行動理論であり有効なこともある反面、このモデルでは限界のあるケースも多々見られることがわかってきた。いくら目の前で恐怖を感じさせても、当面自らに危機が降りかからないとわかると、ヒトは行動を変容させない。こうした場合には別のアプローチが必要である。

トランスセオレティカル・モデルはプロチャスカ、ディクレメンテ、ノークロスにより提唱されたモデルである[14]。このモデルは、受け手の心の準備段階に合わせてアプローチを変える方法である。松本[15] はロッシの文献を引用し、健康課題に関する意識状態に合わせて無関心期、関心期、準備期、行動期、維持期の５つのステージに分類し、ステージごとにどのように働きかけたらよいかを表１、２に示している。

無関心期から準備期にかけては、認知的方略を用いて主に知識、意識に働きかける。心の準備が整い行動へ移すことが可能になった行動期から維持期にかけては行動的方略を用いて、いかに維持するかという行動面に働きかけるものである。

竹中[16] は、このトランスセオレティカル・モデルを①変容ステージ、②セルフエフィカシー、③意志決定バランス、④変容プロセス、の４つの要素により構成される包括的モデルであるとし、先の５つのステージは４つの要素のうちの①変容ステージであるとしている。この①変容ステー

表1　認知的方略（考え方に関するアプローチ）

①意識の高揚（意識を高める）	健康問題に関する情報を集めて，それを理解すること
②感情的経験	行動変容しないことでの健康への脅威に関して，感情的な面から経験すること
③環境の再評価	不健康な行動を続けることや，健康のための行動変容をすることが，周囲の環境に与える影響を再評価すること
④自己の再評価	不健康な行動を続けることや，健康行動をとることが自分にとってどういう影響を及ぼすのかを再評価すること
⑤社会的解放（社会の変化を知ること）	健康的な生活をおくることに影響する，社会や環境の変化を知ること

出典）松本千明，2002，『健康行動理論の基礎』，医歯薬出版，30より作成．

表2　行動的方略（行動に関するアプローチ）

①コミットメント（自己の解放）	行動変容することを選び，決意し，それを表明することや，行動変容する能力を信じること
②行動置換（代替行動の学習）	問題行動の代わりになる健康的な考え方や，行動を取り入れること
③援助関係の利用	健康行動へのソーシャルサポート（社会的支援）を求めて使うこと
④強化マネジメント（褒美）	行動変容に対して自分自身に褒美を与えることや，他人から褒美をもらうこと
⑤刺激の統制	問題行動のきっかけになる刺激を避けることや，健康行動をとるきっかけになる刺激を増やすこと

出典）松本千明，2002，『健康行動理論の基礎』，医歯薬出版，30-31より作成．

ジと②セルフエフィカシーは密接に関係し、セルフエフィカシーの増加は変容ステージの移行につながると考えられる。③意志決定バランスは行動の意思決定に関する恩恵と負担のバランスであり、関心が低い前半のステージほど負担と感じる度合いが大きい。そして、④変容プロセスは①変容ステージを移行させるために用いる方略であり、これが先に示した5つの認知的方略、5つの行動的方略である[17)]。

保健の授業を展開する際に、知識だけではなく具体的な実践を踏まえなければならないとか、逆に具体的な実践や行動を直接的に促すような授業だけでは、単なるハウツーものの授業になり本質がなおざりになるといったことが言われる。しかし、児童生徒のレディネスは個々により当然異なるものであるから、当然画一的な方略では全ての児童生徒の腑に落ちる授業にはならない。ただしトランスセオレティカル・モデルは、個人にアプローチを行う際にはきわめて有効であるが、集団に対するアプローチの際には少し工夫が必要である。具体的にはグループワークやグループディスカッション、ロールプレイング、教え合いなど、児童生徒の主体的な取り組みと相互の議論を促す手法である。

第4章　学校保健・学校安全における管理と教育の位置付け

第1節　保健学習（保健教育）と学校保健の領域構造

文部科学省設置法（第4条）において、学校保健は保健管理と保健教育、学校安全は安全教育と安全管理という、どちらも2つの柱から成り立つことが示されている。教科書では管理と教育の両者を並べた領域構造がよく示される（図1）が、先に述べたように学校保健は保健教育と保健管理，学校安全は安全教育と安全管理の両輪から成り立ち、これを円滑に進めるための組織活動があるとされている。そして保健の授業は教科教育として、保健教育の中の保健学習に位置づけられる。

第2節　学校保健・学校安全における管理と教育

学校保健の領域構造では、保健教育と保健管理は並列した自転車の両輪に例えられ、同様に学校安全においても、安全教育と安全管理の2つの柱から成り立つとされるが、教育と管理のそれぞれの意味合いを考慮すると、児童生徒を「管理で外から護り、教育で中から育てる」という考え方が当てはまる[18]（図2）。

管理は児童生徒を“外から”護るものであり、児童生徒に直接アプローチできる。教員にとっては目の前ですぐに結果が見えるので安心できるし都合がよいが、あくまで児童生徒にとっては受動的であり、他律的になる。一から十まで管理してしまうと、教員の管理を離れた時、子どもは保健ならびに安全について自律的な行動がとれず、短期的な効果しか期待できない。

一方、教育は児童生徒を“中から”育て、変えるものである。これは保健ならびに安全に関して、児童生徒に知識を教授し行動変容を期待するものであり、必ずしも目の前ですぐに結果が見えるわけではなく、場合によっては一時的な効果しか得られないこともある。教員は辛抱強く児童生徒を信じてアプローチする必要があるが、児童生徒自らが自律的、主体的に考え行動できるように教育できれば、その場だけでなく長期的な効果が期待できる。

しかしながら、管理が全て受動的という訳ではない。教育は、児童生徒が自らを主体的に「管理」することができるよう行動変容するための手段ととらえることもでき、管理も児童生徒が主体的に行えるよう、教員は児童生徒をうまく導くことが重要になる。

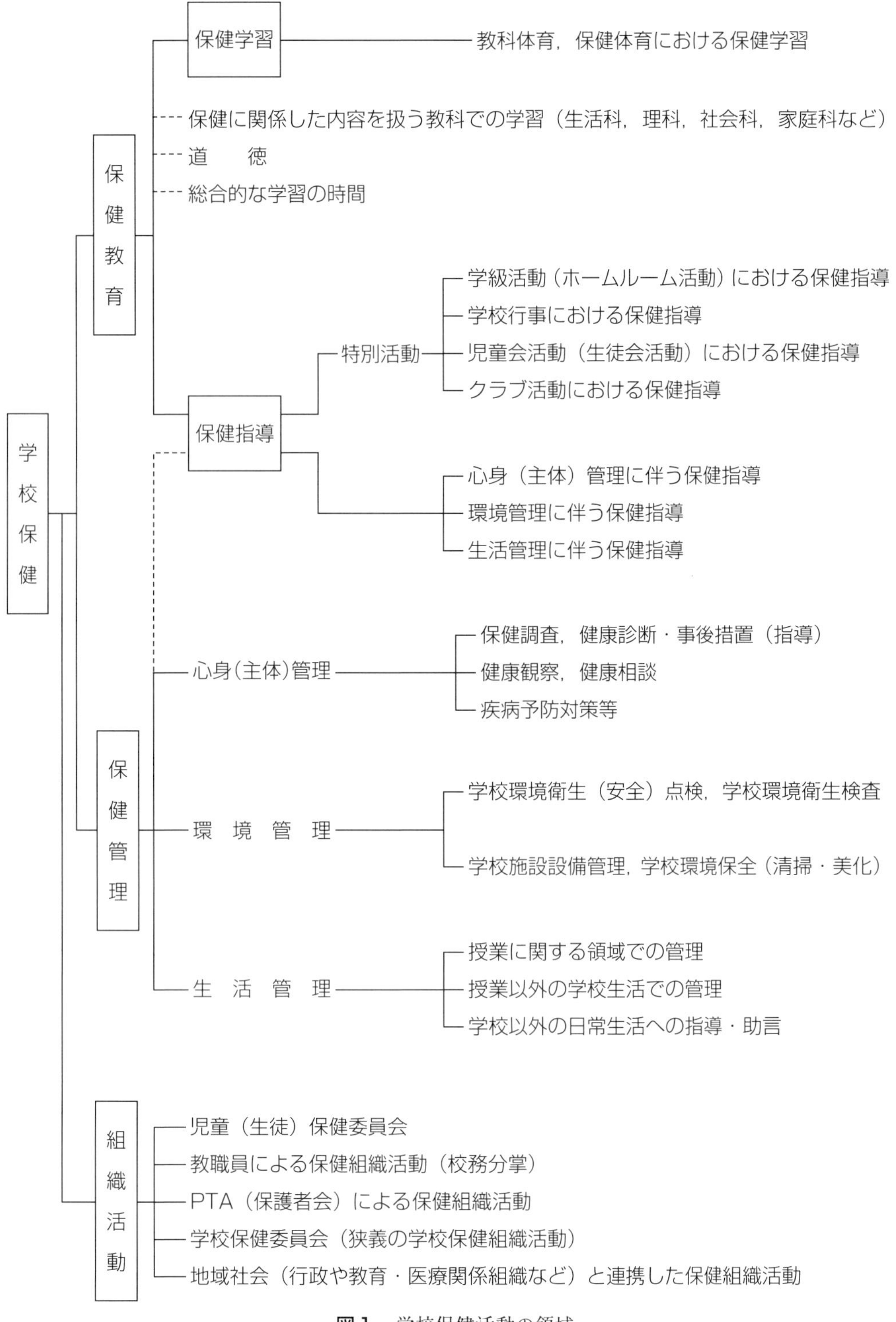

図１　学校保健活動の領域

出典）野村良和，2014，「第１章　全ての教職員が関わる学校保健」，『学校保健ハンドブック〈第６次改訂〉』，ぎょうせい，３．

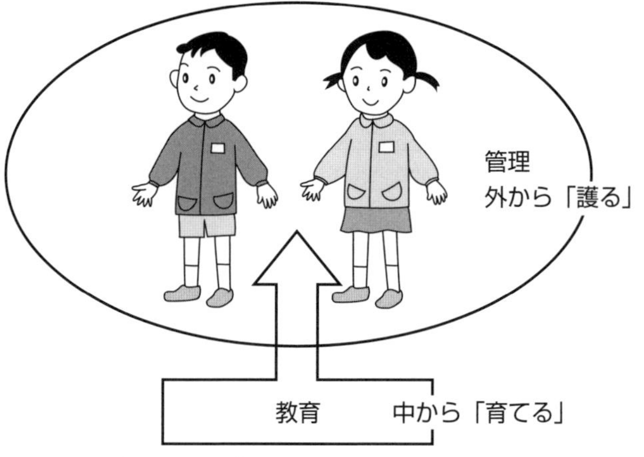

図2　児童生徒への管理的アプローチと教育的アプローチ

出典）笠次良爾，2014,「運動部活動中の事故とその防止対策」,『体育の科学』, 64（4）, 265.

教育によって児童生徒が自らを主体的に「管理」することができるようになれば，管理で護るべきポイントは、よりリスクの高い重要な部分に絞り込むことができる。これは特に安全に関してあてはめやすい。教員にとっては、より少ない人的資源、物的資源、金銭的資源で安全を担保できるため、児童生徒が主体的に考える力を育てることはメリットが大きい。

また教育を行う際に大切なことは、「なぜそうなるのか、なぜそうするのか」という根拠を論理的かつ具体的に示し、児童生徒が実行しやすいように導くことが重要である。

管理と教育のどちらに重きを置くかについては、年齢で考えるとよい。認知の脱中心化がまだできていない、抑制回路の形成が不十分で発達段階が未熟な幼稚園や小学校低学年では管理的要素を強くしたほうがよい。一方小学校高学年から中学生、高校生と年齢が上がるにつれて教育的要素を強くすることが望ましい。ただしどの年代においても、両方の要素を考慮することが重要なのは言うまでもない。

現代の健康課題を乗り越えヘルスプロモーションを実現するためには、保健の授業を展開する際に、教育的な側面だけでなく管理的な側面も意識して、常に広い視野を持つ必要がある。

終章　教師とは

イギリスの教育哲学者ウイリアム・アーサー・ワード（William Arthur Ward, 1921-1994）は有名な格言をいくつか残しているが、教育に関する格言に以下のような文章がある。

The mediocre teacher tells.

The good teacher explains.
The superior teacher demonstrates.
The great teacher inspires.

これを西澤[19]は以下のように紹介している。

古い言葉であるが、ウィリアム・アーサー・ワード（William Arthur Ward）は言った。
凡庸な教師はただしゃべる。
よい教師は説明する。
すぐれた教師は自らやってみせる。
そして、偉大な教師は心に火をつける。

保健の授業で児童生徒に何を伝えたいか、常に考えて子どもたちに向き合う姿勢を持ち続けるために、この言葉を最後に記したい。

【文献】

1）金田英子，2013，「教科としての「保健体育」の史的考察」，『東洋法学』，56（3），326-309.
2）保健体育審議会，1997，「生涯にわたる心身の健康の保持増進のための今後の健康に関する教育及びスポーツの振興の在り方について（答申）」
3）中央教育審議会，2008，「子どもの心身の健康を守り、安全・安心を確保するために学校全体としての取組を進めるための方策について（答申）」
4）文部科学省，2008，「高等学校学習指導要領」
5）http://www.mhlw.go.jp/toukei/saikin/hw/k-iryohi/13/dl/houdou.pdf（2015.10.7参照）
6）http://www.kenkounippon21.gr.jp/（2015.10.7参照）
7）http://www.mhlw.go.jp/stf/houdou/2r9852000002xple.html（2015.10.7参照）
8）田中茂穂，2012，「エネルギー代謝の概論：基礎代謝，食事による熱産生，運動，NEAT（特集 エネルギー代謝の臨床）」，『内分泌・糖尿病・代謝内科』，35（4），292-301.
9）野津有司，2007，「保健における「知」の教育のこれまでとこれから」，『体育科教育』，55（8），14-18.
10）竹中晃二，2005，「上・中・下流アプローチからみた理論・モデル」，『身体活動の増強および運動継続のための行動変容マニュアル』，Book House HD, 39-40.
11）Rosenstock IM., 1966, *Why people use health services.,* Milbank Memorial Fund Quarterly, 44, 94-127.
12）Becker MH, Maiman LA., 1975, *Sociobehavioral determinants of compliance with health and medical care recommendations.* Medical Care., 13 (1), 10-24.
13）松本千明，2002，『健康行動理論の基礎』，医歯薬出版，29-36.
14）Prochaska JO., DiClemente CC. and Norcross JC., 1992, *In search of how people change. Applications to additive behaviors,* American Psychologist, 47, 1102-1114.
15）前掲書13），29-36.
16）竹中晃二，2004，「トランスセオレティカル・モデル：TTMの概要」，『心療内科』，8（4），264-

269.
17）上地広昭，2005,「トランスセオレティカル・モデル」,『身体活動の増強および運動継続のための行動変容マニュアル』，Book House HD, 43-45.
18）笠次良爾，2014,「運動部活動中の事故とその防止対策」,『体育の科学』，64（4），262-267.
19）西澤潤一，1996,『教育の目的再考』，岩波書店.

視点としてのスポーツ文化
——保健体育を考えるために——

井上邦子

序章　保健体育の総合的な学びのために

高校教員としての経験もあった中村敏雄は、著書『オフサイドはなぜ反則か』のあとがきでこう述べている[1)]。

> わが国の体育実践に対する一般的な認識は、子どもたちに遊びやスポーツの技能をコーチし、彼らの体力を高め、仲よしグループを育てることであるという、極めて経験主義的な教科成立論に、それとはっきり自覚することも乏しいまま立脚している。このような考え方に立脚すれば、体育教師はコーチャーやトレーナーであっても、ティーチャーではないということになる。

その上で中村[2)]は、学校体育という教科は、運動が「できる」「できない」、「うまい」「へた」ということと深く結びついていなければならないものだろうかと疑問を投げかける。それよりも学校体育は、人間が歴史の中でどのような運動文化を創り出し、その背景にはどのような文化的・社会的条件があったのかということと、「うまくなる」「強くなる」というのは、からだの動きがどのように調整されることであるのかということを、総合的に教えるものであると主張している。

そうした考え方を参考にするならば、本稿でスポーツ文化の歴史と地域的広がりについて述べることは、保健体育を教える人にとって、この教科を「総合的に教える」ためのささやかなヒントになるのではないかと考えている。そのヒントをきっかけに、読者の方々がさらに、「人間が歴史の中でどのような運動文化を創造し、それをどのように発展させてきたのか」について探究することで、保健体育という教科を改めてとらえなおす契機となることを願っている。

そのためにまず、第１章はスポーツを歴史的（通時的）な視点で概観し、続く第２章では共時的視点から民族スポーツについて触れることで、「人間にとってスポーツとは何か」という疑問の扉を開きたいと考える。そのうえで最終章では、現在のスポーツと体育をめぐる課題の中でも「勝敗」と「身体的存在」をキーワードとすることで、保健体育について「考える」ことに誘いたいと思う。

第1章　スポーツ文化の変遷

第1節　スポーツのルーツ

スポーツのルーツをどのように考えるのかというのはひとつの難題だろう。人間だけではなく動物のじゃれあい（メタ・コミュニケーション）にまでルーツを求めるのであれば、「生きもの」に共通の行動として、人が誕生する以前からすでに持ちあわせていた行為ということになる。言い換えれば、人がスポーツをしなかった時代はなかったということになるだろう。事実、先史の時代から舞踊やボールゲーム、格闘技や走・跳・投の競争など、様々なスポーツを行ってきたと考えられており、私たちはそれらをルーツとして現在にいたるまでスポーツ文化を創りあげてきたと言える。

このようなルーツに近い古い時代のスポーツの特徴のひとつとして、儀礼とのつながりをあげることができるだろう。例えば紀元前776年*1 から行われていたと考えられる古代ギリシャのオリンピア祭典競技（古代オリンピック）では、競走や幅跳び、円盤投げ、やり投げ、ボクシングやレスリングなどが行われていた。これらは競技も見学も男性のみに限られた裸体競技であり、ゼウス神をはじめとするギリシャの神々にささげる宗教的な儀礼であったとされる。

また、古代マヤやアステカの「トラチトリ」と呼ばれるボールゲームも宗教的儀礼のひとつであったとされ、紀元前2000年ごろ（諸説あり）から行われていたと考えられている。ここで用いられる生ゴムのボールは太陽の象徴であり、それを腰で打ち合うことは光の神（昼）と闇の神（夜）の戦いとして解釈された。それゆえ、ゲームの敗者（勝者とする説もある）は人身供犠としてささげられ、太陽の衰えを最小限に食い止めるように祈ったとされる。こうしたトラチトリのようなボールゲームはそもそも歴史が古く、その多くはボールを天体と同一視しており、当該文化の宇宙観（コスモロジー）を反映させた形で儀礼的に行われた。

このようにスポーツのルーツをたどれば、そもそもスポーツが単独で独立して行われた（スポーツの世俗化）のではなく、儀礼の一環で行われた事例が多いことに気づく。それゆえに、スポーツに当該文化の信仰や世界観が多分に反映されており、時には神に競技をささげるために、時には自分たち

写真1　オリンピア祭典競技　競技場の遺跡
（2015年7月12日　松浪稔撮影）

が「生きる場」を存続させる祈りのために、文字通り生死をかけて行うこともあった。そうした事例から、「人間にとってスポーツとは何か」を考えるのであれば、スポーツが単なる気晴らしや体力づくりの役割とするだけでは説明が不十分であることがわかる。こうしたルーツが教えてくれるのは、スポーツはそもそも祈りに通じる側面があり、人の「生」に深く結びついた場において行われていたということである。

第2節　近代スポーツの誕生

前節でスポーツのルーツの数例について述べたが、例えばフットボール形式のボールゲームも世界各地でその起源を見つけることができる。ただ、現在私たちが知るフットボール（サッカー競技）の系譜はというと、それはヨーロッパ地域に見いだすことができるだろう。特にイギリスでは、「バーゲーム」などと呼ばれ、キリスト教の暦に即してお祭りの一環として村落ごとに行われていた。ボールは足だけでなく手で扱ってよい場合も多く、街のメインストリートを会場として、何百人が一斉にひとつのボールを争奪するかなり乱暴なゲームであった。あまりにも暴力的であったため、当時の王から何度も禁止令が出されたほどであった。

しかし19世紀になると、フットボールは上流階級の子弟が通うパブリックスクールで行われるようになる。すなわち教育に取り入れられることで、しだいにフットボールの暴力性は抑えられるようになり、加えて、学校間での試合を成立させるためルールもしだいに統一された。また当時は産業革命が進み、工場勤務などの労働者階級が「余暇」として日常的にスポーツに参加できるようになった時代でもあった。そうした社会の変化は、都市部に人口を集中させることになり、そのことがフットボールの興業を成り立たせることにもなった。結果、クラブ組織が整うようになり、1863年にはフットボール協会が設立される。すなわちここで、フットボールが「近代化」されることになったのである。

こうした「スポーツの近代化」にはどのような特徴があるのかについて、アレン・グットマン[3)]が『スポーツと帝国』で詳しく述べている。グットマンは、①霊的、聖なるものといった超自然的領域には関与しない（世俗性）、②個人の属性を理由に参加を拒否されない、またルールが参加者に共通である（平等性）、③国家的、国際的官僚機構によって管理される（官僚化）、④競技や役割が専門分化する（専門化）、⑤「目的と手段」という観点からルールがたえず吟味し修正され、自らの技量を効率よく発揮できるように努力する（合理化）、⑥統計などを用い、数値が重視される（数値化）、⑦記録を塗り替えることに飽くなき挑戦をする（記録への固執）の７つを特徴としてあげている。

改めて考えてみれば、現在の私たちの身の回りのスポーツ（例えばバスケットボール、野球、サッカー、バレーボールなど）は、参加するにせよ観戦するにせよ、ここでいう近代化されたスポーツ（近代スポーツ）が多いことに気づくだろう。学校体育においても、児童生徒が行う運動は近代スポーツがその多くを占めている。これはすなわち近代スポーツが私たちにとって魅力的で世界共通の文化であり、しかも教育的な価値があると私たちが考えている結果であるともいえる。しかし一方で、近代スポーツを日常や体育でとりあげるということは、グットマンが示したような近代スポーツが含み持つ特徴（すなわちヨーロッパ近代的な論理）を、スポーツを通じて体現し児童生徒に伝えることになることを、常に念頭におくべきであるということも忘れてはならない。

第３節　教科の歴史

前節でスポーツ全体の歴史を大まかにみてきたが、それでは保健体育という教科はどのような歴史を歩んでいるのであろうか。

少なくとも近世以前の日本では、スポーツ・運動を専門的に学習するということは、武士など一部の階級や職種の修練に限られたものであったといってよいだろう。しかし、1872（明治５）年の学制頒布後、尋常小学校に「体術」（のちに「体操」）が導入され、教科の前身としてのしくみが芽生えることになった。当初は軍事訓練を目的としていなかったが、1883（明治16）年に徴兵令が改正されると学校内での軍事訓練が必要となり、体操科は必修化（1886（明治19）年）され、高等小学校では隊列運動が、中学校と師範学校では兵式体操が課されることになった。

さらに日露戦争において白兵戦（至近距離での戦い）の重要性を見いだした日本は、学校教育に武道を導入することを目指すようになり、結果、1911（明治44）年に体操科の教材として武道を採用するようになった。さらに昭和に入り、満州事変勃発により国内が戦時体制へと移行すると、学校体育において質実剛健の国民精神を育てることを目的として、武道は必修化（1931（昭和６）年）することになる。

また1939（昭和14）年には体力の国家管理がなされるようになり、体力章検定として100m走、2000m走、手榴弾投、重量物運搬などが測定された（1943（昭和18）年からは女子も対象）。さらに太平洋戦争に突入した翌1942（昭和17）年には、体操科は体錬科と教科名を変え、心身の鍛錬と精神の練磨、献身奉公を目的として、体操、教練、遊戯競技、衛生、武道を学ばせ、「お国のため」に役立つ皇国民を育てる教科として位置づけるようになった。

しかし敗戦後は連合国軍最高司令官総司令部（GHQ）の要請により一転、学校体育は強兵的要素を徹底的に排除することになり、代わりに「スポーツ」を主眼においた教科へと転換を図ることになる。すなわちスポーツを通じて民主的な人間形成を担う役割を課されるようになったのである。

1964（昭和39）年には東京で第18回オリンピック大会が開催されたこともあり、基礎的運動能力の育成やスポーツの技能の育成が重視されるようになった。それ以降の日本社会は高度経済成長期に入り、国民の健康問題への関心が高まることから、学校体育においても児童生徒の体力づくりを担うようになっていった。その後は「生涯スポーツ」や「心と体を一体ととらえること(体ほぐしなど)」などを視野に入れ、スポーツの内在的価値だけでなく外在的価値にも目を向けた教育が行われるようになっている。

紙面の都合上、日本国内の変遷のみを概観したが、このように見てみると、保健体育の教科は世情に大きく影響を受け、時代が国民の身体に何を求めているかが直接反映されていることがわかる。時に子どもの身体は国家の管理下におかれ国家のために鍛えるべきものと見なされたり、時代が変われば、今度は「個」の身体が注目され、体力や運動能力の育成にシフトされたりする。このように保健体育は、各時代の社会が要請する身体観に強く影響を受けてきた教科であることがわかる。すなわち保健体育を教える私たちが、現代社会全体を見渡したうえで「人は一生を通じて身体とどのように向き合っていくべきか」、「スポーツ、運動を通じて何を学ぶべきか」を問い直し続けていく必要があるということである。

第2章　スポーツ文化の広がり

第1節　世界の民族スポーツ

スポーツを共時的にとらえるならば、オリンピック種目を代表とする国際スポーツと民族スポーツに分けるという見方がある。国際スポーツが世界共通ルールや国際的組織を持ち、文化や信仰を超えて世界中の人々が参加可能なスポーツだとすれば、民族スポーツでは一部の地域や民族のみで伝承され、独自の価値観（信仰や世界観など）が反映されているのが特徴である。例えば、モンゴル相撲、エチオピアの棒を使った格闘技スティックファイティング、スペイン・バスク地方に伝承されるボール競技ペロタ、日本各地の稲作儀礼で伝承される民俗相撲（写真２）などがそれにあたる。

このように民族スポーツの事例をあげようとすれば枚挙にいとまがなく、私たちが暮らす周辺にも、民族スポーツの例が実は多く存在する。しかし私たちは「スポーツ」といえばまず「国際スポーツ」が頭に浮かび、スポーツの広がりについて考えが及ぶことは意外に少ないだろう。事実、学校体育の授業で取り上げられるのは、日本伝統の蹴鞠ではなくサッカーであるし、新

写真２　奈良県桜井市「お綱まつり」で行われる泥田での相撲（1993年２月11日　筆者撮影）

聞、テレビなどのメディアも、オリンピックや野球、サッカーなどのメジャー競技の報道は盛んに行うが、沖縄の大綱引きや奈良春日大社の流鏑馬をスポーツとして報道することはない。このような現状では、知らず知らずのうちに、スポーツ文化を狭義のものととらえてしまう。

写真3　モンゴル相撲の鳥を模した舞（2014年9月20日　筆者撮影）

しかし、スポーツを考える時に民族スポーツを含めることで視野が広がり、より深い考察ができることは確かである。例えば、モンゴル国で行われる相撲を例にあげてみよう。モンゴルの相撲の力士は、彼らの力の象徴である鳥のはばたきを模した舞を行うことで自然界から力を得るとしており、なによりそのことを最重視している（写真３）。また土俵がないので取り組みが長時間に及ぶ水入り大相撲も決して珍しくない[*2]。勝敗は基本的に力士同士が自分たちで判断し、勝者の脇の下を敗者がくぐる行為で勝敗を認める決まりとなっている。

こうしたモンゴル相撲の事例は、私たちが当然だと考えるスポーツに関する価値観が、ごく一部のものであることに改めて気づかせてくれる。近年、ゲーム展開を迅速に進めるためのルール改正が専らの競技スポーツの世界であるが、元来スポーツは長時間にわたる技や攻守の互酬性を醍醐味とするものであったことを、こうした民族スポーツの事例が思い起こさせてくれるのである。そのことは、そもそもスポーツの魅力とは何であったかを再確認することにほかならない。また、力は「与えられるもの」とするモンゴル相撲の潔さは、スポーツの成果を何の疑いもなく「個」の責任に求めてしまう私たちの「当たり前」に気づかせてくれるかもしれない。さらに、客観的で正当なジャッジにこだわるばかりに、人間そのものや対戦相手への信頼を置き忘れていることもモンゴル相撲は照射してくれる。

このように民族スポーツを知ることは、スポーツを通じて異文化理解をするだけでなく、私たちが当たり前に受け入れている（思考停止している）スポーツに対する考え方に揺さぶりをかけ、もう一度考え直すきっかけになるのである。

第2節　オリンピックと国際理解

現行の中学校学習指導要領の体育理論の領域には、「オリンピックや国際的なスポーツ大会などは，国際親善や世界平和に大きな役割を果たしていること」を理解させることが記されている。そうした意味では2020年のオリンピック・パラリンピック大会（東京）の開催は、生徒たちがオリンピックについて学ぶよい機会になるのではないだろうか。

例えばオリンピックにはオリンピック憲章が制定されているが、その中にはオリンピックに対する理念や哲学（オリンピズムと呼ばれる）が記されている。オリンピズムは「肉体と意志と精神のすべての資質を高め、バランスよく結合させる生き方の哲学である」と言われ、スポーツを文化、教育と融合させ、生き方の創造を探求するものであるとされている。その目的としては、平和な社会を奨励し、スポーツを人類の調和のとれた発展に役立てることと設定されている。こうしたオリンピズムの考え方をもとに教育現場でオリンピックを題材とすることは、意味のあることであろう。

このオリンピック憲章（2014年度版）には「オリンピック競技大会は、個人種目または団体種目での選手間の競争であり、国家間の競争ではない」（第６条、傍点筆者）と記載されている。さらに「IOC（国際オリンピック委員会）とOCOG（オリンピック組織委員会）は国ごとの世界ランキングを作成してはならない」（第57条、カッコ内筆者）とも明記されている。

こうしたものを見れば、オリンピック憲章の意図するところと、オリンピック開催期間の国内での実際の「盛り上がり方」に大きな齟齬があることに気づくだろう。連日メディアから流れるのは、日本がメダルを何個とったかということばかりである。ニュースには国別ランキング表が示され、人々の関心を日本人の活躍と日本のメダル数へと誘導するようである。IOCが国別のランキング表を作成してはならないにも関わらず、私たちが見聞きする情報は「国別ランキング」ありきであるのは、実はメディアが「勝手に」行っているものである。

しかし私たちは、メディアを通じてしかオリンピックの情報を得ることができないのも現状である。ただそのメディアは、基本的に「国内」に向けてしか発信されないものであるため、「国内の盛り上がり」だけを念頭においた情報であることを忘れてはならないだろう*3。「外」に「敵」を想定して競争すれば、「内」は安易にまとまり、簡単に興奮を呼び起こすものであるのだから……。

2020年の東京でのオリンピック・パラリンピックの開催が決定すると、さっそく国は「金メダル獲得数世界３位」を目標に掲げたことが報道された。これはオリンピズムをまったく無視した目標だが、この情報を受けた私たち国民が2020年に向けて国内のメダル数に強い関心を寄せるようになるのは当然の結果だろう。そうすれば日本代表選手であれ、他国の代表選手であれ、一人ひとりのプレイそのものへのまなざしは、二の次にされてしまう。このような視点からでは、学習指導要領に記されている「オリンピックや国際的なスポーツ大会などは，国際親善や世界平和に大きな役割を果たしていること」を理解させるには程遠い。まずは、児童生徒たちにオリンピズムの理念をもとに、オリンピック・パラリンピックの適切な読み取り方、批判的に見抜く能力という、いわば「リテラシー」を伝えるべきではないだろうか。

第3章　スポーツ文化を考える

第1節　スポーツの勝敗とは

2012（平成24）年に起きた大阪市立桜ノ宮高校の体罰事件を契機として、文部科学省は翌2013（平成25）年に「運動部活動での指導のガイドライン」を示した。そこにはスポーツを行ううえで勝利を目指すことは自然なことではあるという一定の理解を示したうえで、しかし「勝つことのみを重視し、過重な練習を強いないこと」が求められるとして、過度な「勝利至上主義」に対し警鐘を鳴らした。運動部活動内での体罰の問題が、「勝利至上主義」を最たる原因とするかどうかはまた別の議論が必要であるが、しかし現在においてスポーツの勝敗の概念について熟考する必要があることは確かなようである。

教育の現場では、勝利に拘泥するのではなく、フェアプレイ精神を重視することは多くみられる立場である。また、「他人に勝つ」よりも日々努力をすることで個人の成長の重要性を強調する立場もあろう。こうした立場の教育的意義は言うまでもないが、スポーツの面白さは勝敗と全く無縁のところでは想定しづらいのも事実である。そうしたスポーツ競技の世界において、「スポーツ特有の魅力」と「行き過ぎた勝利至上主義を戒めること」を両立させることはなかなか難しいことである。

ここで沖縄の「手（ティー）」と呼ばれる古武道を例に考えてみたい。「手」は空手のルーツと考えられ、15世紀ごろから発達したといわれているが、当時琉球と呼ばれた当地で、清とヤマトの薩摩藩に挟まれ辛苦を舐めた時代に発達した武術である。琉球は薩摩の支配下で禁武政策をとらされ、武器を持つことはもちろんのこと、抵抗を悟られることさえ禁じられた。しかし、当然ながらやすやすと身を危険にさらすわけにもいかず、自分たちの身を守る必要もあり、そうした当時の沖縄の置かれた立場から「手」は秘された武道と呼ばれた。その真髄は「勝ってはいけない。でも負けてもいけない」。これが沖縄古武術「手」の勝敗に関わる大切な思想である。勝たないけれども負けない技法を身につけるために、「手」の修練はなされるといっていいだろう。こうした事例を見てみると、確かに現代の競技スポーツとは異なる時代背景があるとはいうものの、「勝つ」ことの対義語が単純に「負ける」ではない、勝敗概念の複雑さ、奥深さがわかるのである。

こうした事例を知ることで、私たちはあまりにも勝敗概念を勝つか負けるかという単純な二項対立的概念で片づけてしまっていることに気づく。こうした二項対立的な勝／負の思考に沿えば、試合の対戦相手に対しても二元的に乖離した関係しか見いだせないだろう。しかし勝敗の複雑な成り立ちに考えをめぐらすことができれば、最も「負けない」状況とは、実は相手のことをあたかも自分の身体のように感じることができるという、一見矛盾した考え方が存在することに気づくだろう。対戦相手を自分のことのように感じることができる（すなわち自他の境界を流動的にしてあたかもひとつの身体のように感じることができる境地）[*4]のであれば、負けることからもっとも遠い状況となるだろう。しかも、それはスポーツの快楽にも通じるであろうし、他者を自分のことのように生き生きと感じることができるという他者理解に通じる教育的価値もそこには見いだせるのである。勝敗観念を考える時、まずは二項対立的な考え方から自由になり、その先にある他者理解にまで視野を広げることから始める必要があるかもしれない。

第2節　身体的存在ということ

文化人類学者の波平恵美子[4)]は、近年私たちが身体と疎遠になっていることを指摘している。例えば自宅出産、お食い初めなどの風習、肥溜めなど、半世紀前までは当たり前であった状況（すなわち「人の身体を身近に感じる」ことの経験）は、現代社会ではめっきり少なくなってきているのだという。言い換えれば、「自分は身体的存在である」ことを感じる経験が乏しいのが現代だということである。

しかし、人がスポーツを行ってきた機会に注目することで、自分は身体的存在であることを再認識できるだろう。例えば、メラネシアの島々で行われているナゴールと呼ばれるバンジージャンプは、少年が大人になる時の通過儀礼として行われている。自らの足を結ぶ蔓を自分の責任で準備し、村の大人たちがダンスをしながら下から見守る中で、少年はバンジージャンプを成功させ、共同体に一人前として受け入れられるのである。

このように人が成長過程で新たな段階を通過し、共同体に一人前として受け入れられるための儀礼（通過儀礼・成人儀礼）の中で（広義の）スポーツが行われる事例は、世界中で数多く見受けられる。国内でも、「力石」などと呼ばれる100kgはあるかと思われる大石を肩まで担ぐことができたら一人前とされる集落が現在でも残っている。

こうした通過儀礼に、なぜスポーツが多く登場するのだろうか？　それは、スポーツの実践は、人の（心と体の両方という意味で）トータルな成長を表現できる場であるからだろう。共同体を支えることができる気力と体力が備わっていることを、スポーツが可視化させるのである。

加えて通過儀礼でのスポーツは、一人の人間を共同体が「身体ごと」受け入れることを先人たちが行ってきた証でもある。通過儀礼に挑む若者の、多様な情動（緊張、躍動、力強さ、若々しさ、恐怖、誇らしさなど）が渦巻く身体がスポーツの場で披露され、それをまるごと共同体は受け入れる。身体ごと受け入れられて初めて、真に共同体の仲間入りを果たすということだ。「人は身体的存在」であるという真意はそこにある。

人間はこれまで、通過儀礼の機会にスポーツを行うことで、共同体での共生を果してきた一面がある。しかし波平が言うように、社会が身体と疎遠となってきており、通過儀礼が本来の役割を果たさなくなってきた現在の日本においては、保健体育の役割の一つとして、仲間を「身体ごと」引き受けるという場になっていくべきではないかと考えられる。これがひいては、現行の学習指導要領に示されている「心と体を一体としてとらえ」る体育に通じる真の意味でもあるのではないだろうか。

終章　保健体育を考え続けるために

序章で、保健体育を総合的に教えるためのヒントになれば、という思いを述べた。総合的に保健体育について考えをめぐらせるために、本稿では通時的、共時的なスポーツ文化の視点を提出してきた。これがどれほど読者の方々の視野を広げることになったのかは心もとない限りであるが、しかし人はいつの時代もどのような地域でも運動やスポーツを行ってきた（大げさな言い方をすれば、人はスポーツとともに生きてきた）ことはわかっていただけたと思う。

では、なぜ人はいつでもどこでもスポーツを行ってきたのだろうか、人にとってスポーツとは何だろうかという新たな疑問がそこから立ち上がるはずである。実はその問いが、「スポーツを通じて何が教えられるのか」、「身体を起点として学ぶということはどういうことなのか」という重要で根源的な保健体育の視点へと広がっていくのである。それこそが保健体育を総合的に教えることに通じることではないかと筆者は考えている。

ここに記すことができたのはスポーツ文化のほんの一握りの内容でしかない。ぜひ、これらのスポーツ文化の視点を扉として、保健体育を「考える」ことを続けていただければと願っている。

【注釈】

＊1　ただし、日本オリンピック委員会の公式 HP（http://www.joc.or.jp/column/olympic/history/001.html　2015年８月22日閲覧）では、紀元前９世紀から古代オリンピックが始められたとしている。

＊2　近年、モンゴル相撲のルールも変更され、時間の短縮化を図る方向に変化しつつある。

＊3　例えば『近代スポーツのミッションは終わったか―身体・メディア・世界』（稲垣正浩・今福龍太・西谷修著，平凡社，2009年）のなかの西谷修の発言（p. 38）等を参照いただきたい。

＊4　このような身体の在り方について、例えば内田樹は「複素的身体」と名付け説明している。内田樹「複素的身体性論―無敵の探究―」（鷲田清一，荻野美穂，石川准，市野川容孝編『身体をめぐるレッスン　3脈打つ身体』，岩波書店，2007年）を参照いただきたい。

【文献】

1）中村敏雄，2012,『オフサイドはなぜ反則か　第２刷』，平凡社，283-284.
2）中村敏雄，1983,『体育実践の見かた考えかた』，大修館書店.
3）アレン・グットマン，1997，谷川稔・石井昌幸・池田恵子・石井芳枝訳，『スポーツと帝国―近代スポーツと文化帝国主義』，昭和堂.
4）波平恵美子，2005,『からだの文化人類学―変貌する日本人の身体観』，大修館書店.

※本稿は平成24年度文部科学省科学研究費補助金（基盤研究Ｃ課題番号24500742）の研究成果の一部である。

「楽しい体育」の理論的源流
――文化論的プレイ論――

高橋豪仁

序章　体育思潮の第3の波

第1節　体育の存在価値

ある日の新聞に下記のような4コマ漫画が掲載されていた*1。小学校の先生が、プールサイドで子どもたちに「そこだ！　ガンバレ！　泳げるようになるんだ!!」と叱咤激励している。子どもたちはバシャバシャと水しぶきを上げながら懸命に水泳の練習をしている。しんどい練習に疑問をもった子どもが、息を切らせながらプールサイドに両肘をついて「でも先生、オトナになって泳げなくて困ったこと、あります？　社会にでて水泳が必要とも思えないなー」と言い、もう1人の子どもも「そしたら勉強してた方がいいよね」と同調する。それに対して先生は、「温暖化がすすんで、地球上がみんな海になった時、泳げないと困るぞ」と答える。先生の言葉に子どもたちは沈黙する、という漫画だ。

この漫画の面白さは、こんなストーリー展開にある。子どもたちは、熱血指導をしていた先生に対して、自分たちが置かれた日常での常識から判断して、こんなことをやっていて意味があるのかとストレートな疑問をぶつける。水泳の意味など普段考えたことなどない先生は、子どもたちの不意を突いた質問にしばし呆然とするが、子どもたちの「水泳なんか役に立たないではないか」という主張に対して、「役に立つんだ」と正論で切り返している。しかし、子どもたちは、自分たちの常識的感覚に基づく疑問に対して、「温暖化で地球上が全て海になったら」という先生のすっとぼけた設定に呆れて沈黙してしまう。

図1　水泳授業の4コマ漫画（作／しりあがり寿）

という笑い話だが、実はこの子どもたちの素直な疑問は、学校体育の存在意義を問題にしているとも言える。どうして学校で水泳が教えられなくてはならないのか、どうして自分たちは泳げるようにならなくてはならないのか、という学校体育で水泳を教える理由、つまり水泳の教育的な価値を尋ねているのである。本書を手にしている保健体育の先生や教師を目指している学生は、この子どもたちの問に何と答えるだろうか。

この漫画では、地球温暖化で陸地が水没するという稀な例えを出しているが、実際に船から転落したり、誤って港で海に落ちたりすることならば日常生活において想定できる水難事故である。自らの命を守るという意味で、学校で水泳を学ぶことは意義があると言える。文部科学省の『水泳指導の手引（学校体育実技指導資料　第４集）』[1)]の第４章「水泳指導と安全」にも着衣したままでの水泳指導の練習法が記載されており、水泳指導には水難事故対策の手段としての有用性がある。

その他にも、様々に水泳の教育価値を説明することができる。例えば、①水泳は全身運動なので筋力や心肺機能を高めることができる、とか、②たとえ練習がつらくても途中で諦めることなく何事にも粘り強く取り組む姿勢を身につけることができる、といった説明も可能だろう。島崎[2)]は、体育思潮には３つの波があったという。第１の波は「身体の教育」の時代であり、運動によって身体を鍛え、身体能力を高めることを主眼にするものであり、前者①の説明がそれに相当する。第２の波は「運動を通しての教育」の時代であり、運動を通して体を鍛えるだけでなく、広く「知・情・意・社会性等人間の全面的発達」のために体育が行われると考えるものであり、後者②の説明の仕方がその例となる。そして、第３の波の体育は、「運動を目的・内容とする教育」であり、別の言い方をすれば生涯にわたってスポーツを楽しむことを重視する「スポーツの教育」である。今日の第３の思潮をもたらしたのは「楽しい体育」指向であると島崎は言う。

第２節　学習指導要領における「楽しい体育」

学校体育に「楽しい体育」という概念が持ち込まれて久しい。1977（昭和52）年に改定された学習指導要領に、初めて「楽しい体育」の考えが示された。その時の中学校保健体育の目標は「運動の合理的な実践を通して運動に親しむ習慣を育てるとともに、健康・安全について理解させ、健康の増進と体力の向上を図り、明るく豊かな生活を営む態度を育てる」[*2]とある。その前の1969（昭和44）年改定の中学校学習指導要領の保健体育の目標は、「心身の健康についての理解と合理的な運動の実践を通して、健康の保持増進と体力の向上を図り、心身ともに健康な生活を営む態度を養う」となっていた。1977（昭和52）年の学習指導要領には「運動に親しむ習慣」という言葉が入っており、これは生涯スポーツを志向するものであると言える[3)]。そして、同年の学習指導要領の「体育分野」における４つの目標のうちの１つに「各種の運動の合理的な実践を通して運動技能を習得させ、運動の楽しさを味わわせるとともに、生活を健全に明るくする能力と態度を育てる」とあり、「運動の楽しさ」の重要性が示されている。

小学校の学習指導要領においても、同様の傾向が見られる。1977（昭和52）年改定の学習指導要領において、体育の目標は「適切な運動の経験を通して運動に親しませるとともに、身近な生活における健康・安全について理解させ、健康の増進及び体力の向上を図り、楽しく明るい生活を営む態度を育てる」とある。そして、第１・２学年の体育の目標は「各種の基本の運動及びゲームを楽しくできるようにし、体力を養う」、第３・４学年では「各種の運動を楽しくできるようにし、その特性に応じた技能を身につけ、体力を養う」、第５・６学年では「各種の運動の楽しさを体得するとともに、その特性に応じた技能を養い、体力を高める」とあるように、運動の「楽しさ」が鍵概念となっている。その前の1968（昭和43）年の学習指導要領には、運動の楽しさが目標レベルで言及されてはいない。

現在の学習指導要領においても、「生涯にわたって運動に親しむ資質や能力」「運動の楽しさや喜びを味わう」といった言葉が体育の目標のレベルにおいて見られる。本稿では、いわゆる「楽しい体育」の考え方がどのような理論を基に構築されたのかをたどることを通して、体育における文化論的プレイ論（鈴木、2008：51）[4] の重要性を論じることとする。

第１章　プレイ論の体育への導入

第１節　日本におけるプレイ論の導入

高橋[5] は、「楽しい体育論」の成立過程を以下のように説明している。1960年代後半にホイジンガやカイヨワのプレイ論が注目され、竹之下休藏らはこうしたプレイ論に基づいて体育の目的・内容・方法を構築する立場をとった。そして、その考え方は、1977（昭和52）年と1990（平成２）年の学習指導要領やその解説書に反映され、「楽しい体育」として定着していった。

竹之下の主著『プレイ・スポーツ・体育論』[6] に「文化としてのプレイ」として納められている節は、現代評論社の「現代の眼」（1968年10月号）に掲載されたものであり、プレイ論の観点から日本的なスポーツ観を再検討し、特にスポーツの手段化や、スポーツの高度化と大衆化の二重構造を問題視している。また、「プレイ論」という節は、光文書院の「月刊体育」（1971年２～６月号）に掲載されたものであり、ホイジンガとカイヨワのプレイ論を概説し、スポーツとプレイの関係について説明している。こうしたプレイ論の内容については、本章において後述する。

佐伯[7] によると、竹之下は1968（昭和43）年に「スポーツ・体育・教師」という講話を全国体育学習研究会において行い、そこで初めてプレイ論を体育に導入する考えを示した。当時の学習指導要領は体力づくりを主眼とし、戦後民主主義教育に逆行するかのように、急速に身体の教育という運動手段論が強調されていた。そこで竹之下は、人間と運動の関係を問い直す必要性から、「プレイ論」を紹介した。その後、全国体育学習研究会では、運動需要としての生涯スポーツ、運動目的・内容論への転換、子どもたちの自発的・自主的活動を導く視点として、プレイ論が検討された。1979（昭和54）年には、全国体育学習研究会における研究の標語をこれまでの「正しい豊かな学習」から「楽しい学習」へ転換する問題提起がなされた。それまでの「正しい豊かな学習」という標語は、ラーニング（学習）とトレーニング（訓練）を、運動技術を中核とする運動文化財の正しい学習によって統合しようとするものであった。それに対し「楽しい学習」は、運動の楽しさを学習する体育であり、運動を、その構造的・効果的特性を配慮しながら、行う者にとっての機能からとらえる「運動の機能的特性」を内容論の中核にしていた。

第２節　シーデントップのプレイ体育論

プレイ論に影響された体育論は日本以外にも存在した。シーデントップは、ホイジンガやカイヨワらのプレイ論に基づく体育理論を展開している[8)]。シーデントップによって書かれた『Physical Education : Introductory Analysis』の第２版（1976年）は、『楽しい体育の創造―プレイ教育としての体育』として1981（昭和56）年に邦訳されている。本書は３つのパートから構成されており、第１部「体育の領域」においては、近代体育の特徴や体育研究の位置づけについて論じている。第２部「現代の体育思想」では、当時の体育思想におけるいくつかの立場を概説、評価している。彼によると20世紀における主要な体育思想には「身体の教育」と「身体による教育」がある。前者は身体適正（physical fitness）を目標とする体育プログラムであり、「個々人に処方された運動プログラムは、確かに個々の生徒に大変重要で多くの利益をもたらすが、それは体育ではない。この種の運動プログラムの管理は、体育よりも健康教育の領域の下で一層多くの意味をなす。」[9)] と、シーデントップは批評する。後者の「身体による教育」[10)] は、身体発達、運動発達、精神的発達、社会的発達といった教育の一般目標を達成する手段として運動を利用するというものである。彼は、多種目の活動プログラムが授業で展開されたとしても技能習得を促進するには限界があり、スポーツ参加による道徳的価値の発達という考え方も願望に過ぎないと批判する。

そして、第３部「プレイ教育としての体育」では、第２部で例示した体育思想を乗り越える新しい体育思想を構想している。体育の意味の源泉は、プレイ概念によって最もよく説明できるとし、ホイジンガやカイヨワのプレイ概念を提示している。また、体育（スポーツ）は、美術や音楽と同様にプレイの一種であるとし、さらに、体育はプレイ教育の一形態であり、「競争的で、表現的な運動（motor activities）をプレイする個人の性向（tendencies）や能力（abilities）を向上させる過程を意味する」[11)] と言う。

この本の訳者である高橋は、第３部の「プレイ教育としての体育」において「楽しい体育への道」が探究されており、それはプレイ論に基づいてスポーツの本質的な価値を認め、その教育価値を実現しようとしたものであると「訳者まえがき」で解説し、「シーデントップの思想の革新性は、スポーツを自己正当的なものとして評価し、その教育学的な位置づけを図ろうとした点にあった。また、体育への多様な現実的・実用的要請に屈服することなく、プレイの理論を体育理論に貫徹させたところにも、この思想の明解さがあった。」[12) と評価している。

第2章　スポーツの定義（スポーツにおけるプレイ）

第1節　スポーツの語源

ここまで、プレイ論が体育の理論に影響を与え、「楽しい体育」の理念につながったことを示した。体育の授業ではスポーツを素材として教材が作られ、特に「楽しい体育」論ではスポーツに内在する価値を認めることを前提としているため、「楽しい体育」の論拠を溯る時、スポーツの概念を検討することが必要となるだろう。そこで本節では、スポーツの定義を検討し、それによってスポーツとプレイとの関係について確認することとする。

スポーツ（sport）という英語の言葉の語源は、ラテン語のデポルターレ（deportare）である。carry とか bear を意味する portare に、接頭語 de（away, apart）がついたもので、人間の生存に必要不可欠な真面目な事柄から一時的に離れる、すなわち真面目な仕事やつらい仕事から離れるということを意味した[13)]。その後、deportare は中世フランス語でデスポール（desport)、14世紀に英語で disport となり、16世紀に sport と省略されて使われた。この言葉が英語化された頃は、気分転換や骨休め、娯楽といったことを意味していたが、16世紀にはゲームや戸外で楽しまれる身体活動を意味し、さらに、17～18世紀にはその意味が変化し、狩猟や勝負事に関わる賭博や見世物を指すようになった。そして、19世紀の中頃には、競争的性格をもち、戸外で行われるゲームや運動に参加することを意味するようになった（佐伯、1987：521)[14)]。このように、スポーツの語源をたどると、かつては広く遊戯一般を指していた言葉が、オリンピック競技に代表されるスポーツ種目に限定して使用されるようになったのである。スポーツを特徴づける要素が加わることによって、スポーツが狭い意味でとらえられるようになったのである。

ある運動をスポーツと認めるためには、一般的に遊戯、闘争（競争)、激しい肉体活動の3つの要素が必要である[15)]。こうしたスポーツを特徴づける要素の関係について、グートマンは、スポーツがどのように出現するのかという観点から説明している[16)]。グートマンは「遊戯」*3、「ゲーム」、「競技」、「スポーツ」の分類の出発点を「遊戯」としている。遊戯とは、非実用的でそれ自身のために追求される活動であり、スポーツとは遊戯の要素に満ちた肉体的競技であると、グ

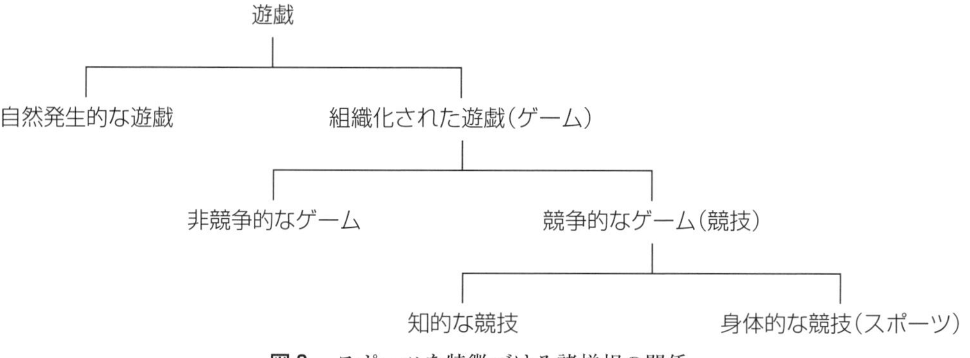

図2　スポーツを特徴づける諸様相の関係

出典）樋口聡，1987，『スポーツの美学』，不昧堂出版，19を著者が改変．

ートマンはスポーツを定義している。

第2節　スポーツを特徴づける4要素：遊戯性、組織性、競争性、身体性

樋口[17]は、グートマンが示した図式に準拠して、スポーツを特徴づける要素について検討している。図2は、樋口が作成した図を筆者がグートマンの図[18]を参考にして簡素化したものである。グートマンが言うように遊戯を非実用的でそれ自身のために追求される活動であるとすれば、それは先述したデポルターレのように、スポーツの広義に相当するものとなる。ここで注意しなくてはならないことは、スポーツを定義する際の「遊戯」とは、通常の日本語で遊戯（遊び）という言葉が意味するものではないということである。普段私たちは遊戯を、真面目な事柄や仕事や勉強と対をなすものとしてとらえるが、スポーツの遊戯性を問題にした場合の遊戯は、前述したスポーツの語源の deportare が示すように、実生活から隔てられた活動であるということを意味している。例えば、確かにプロ野球の選手は、仕事として野球をしているが、バッターがピッチャーの投げたボールを打ち返して１塁ベースに向かって走るというプレイは実生活の意味連関からはかけ離れたものであり、それを何の疑いもなく実施しているのである。こうした行為に疑問を持てば、野球という１つの世界は成立しない[19]。あるいは、児童が鉄棒で逆上がりをするという行為も、まず普段の日常生活においてすることはない動きであり、実生活においては無意味な行為である。その無意味な行為に意味を与えるところに、スポーツの遊戯性があるのだ（樋口、2009：70）[20]。

こうした遊戯は「自然発生的な遊戯」と「組織化された遊戯」に分けることができ、前者は例えば子どもが河原に落ちている石を河面に向かって投げたりする、ルールのない自発的な行為がそれに相当する。後者はルールによって組織化されたゲームである。そして、ゲームは、「競争的なゲーム」と「非競争的なゲーム」に分けることができる。後者にはクロスワードパズルや日本の蹴鞠が相当する。前者の競争的なゲームは競技と言い換えることができる。さらに競技は

「知的な競技」と「身体的な競技」に分けることができ、前者に相当するものとしてチェスやトランプがある。そして、後者に相当するものが、近代スポーツであり、狭い意味でのスポーツとなる。したがって、この分類法によれば、スポーツは遊戯性、組織性、競争性、身体性によって特徴づけられる活動となる。樋口は、「スポーツとは、日常生活とは異なる意味連関をもつ特殊な情況のなかで（遊戯性）、人為的な規則にもとづき（組織性）、他人との競争や自然との対決を含んだ（競争性）、身体的活動（身体性）である」[21]と定義している。

スポーツの定義において、この4つの要素は不可欠のものだろうか。確かに、オリンピック競技としてのスポーツにはこの4要素は必要条件となるが、例えば大学生が友人と一緒に冬休みにスキーに行く場合、特に誰かと競争をするわけでもなくリフトで登ってはそこから滑るという行為を繰り返すのだが、私たちはこの行為もスポーツと見なす。また、家族で公園に行きキャッチボールをする行為もスポーツと呼べるが、これは競技としての野球に比べると厳密なルールが適応されておらず、組織化のレベルは後退している。したがって、4つの要素からなるスポーツの構造は、「遊戯性」と「身体性」という根幹的な本質特性と、それらを確保したり促進したりする「組織性」や「競争性」によって構築されていると言えるだろう[22]。本章でテーマとしているプレイについて言えば、スポーツは構造上「遊戯性」という要素をもっており、「遊戯性」はスポーツの根幹的な本質的特性であるということを理解しておくべきである。

第3章　ホイジンガとカイヨワのプレイ論

第1節　ホイジンガのプレイ論

1．人間の文化は遊ばれるもの

オランダの文化史家であるホイジンガは、1938年に『ホモ・ルーデンス』を発表した。ホイジンガは、人間のもろもろの働きや生活行為の本質はなんであるか、人間存在の根元的様態は何かという問いに対して、人間は遊戯する存在であるとしている。また、人間文化の様々な生活行為の1つに遊戯があるのでもなく、もともと存在した遊戯が発達して文化となったのでもなく、文化そのものが遊戯の形式をとり、その性格をもって発展してきたのであり、文化は原初から遊ばれるものであったとホイジンガは言う[23]。

それまで遊戯は、あり余るエネルギーを放出している、緊張からの解放を求めて行っている、将来の仕事や自制の訓練として役立てている等、何か遊戯以外の目的や外的な原因から遊戯が説明されてきたが、ホイジンガはこうした遊戯の定義は不十分であるとする。赤ん坊が喜びのあまり声を上げて笑うのはなぜか、どうして賭博師は夢中になるのか、なぜ運動競技が大観衆を熱狂させるのかを改めて考える時、こうした遊戯の迫力、つまり人を夢中にさせる力の中にこそ、遊戯の本質があるのだとホイジンガは言う。面白さ、楽しみ、歓びは、遊戯に本質的なものであり、それ以上根源的な概念に還元することはできないのだ[24)]。

2．遊戯の形式的特徴[25)]

ホイジンガは遊戯の形式的特徴を以下のように説明している。まず、遊戯は１つの自由な行動であり、命令されて行う遊戯は遊戯ではない。楽しみが得られるがゆえに、人々は遊戯するのであり、肉体的な必要性から課されるものでも、まして道徳的義務によって行われるものでもなく、止めようと思えば止めても何ら差し支えのないものである。

遊戯は、日常生活から一時的に別の領域に踏み出して行われる活動であり、幼い子どもでも、遊びは本当のことをしているふりをするものだと感じており、楽しみのためにしているのだということを知っている。このように人々は遊戯に対して劣等意識をもっており、それは、「真面目なこと」に対して「楽しみごと」なんだという感情である。しかし、遊戯に夢中になると、ただ遊んでいるだけなんだという意識が、最高度の真面目さ、真摯、厳粛という状態になる。遊戯の劣等性は真面目の優越性と境を接しており、遊戯は真面目に転換し、真面目は遊戯に変化するという関係にある。さらに言えば、真面目は遊戯を劣等なものとして締めだそうとするが、遊戯は真面目をも内包しているのである[26)]。そして時として、遊戯は、この世的な真面目さを超越して、聖なるものになる。神聖な宗教的行事の中にも遊戯性が存在することをホイジンガは指摘する。

さらに、遊戯の形式的特徴として、「完結性」と「限定性」がある。遊戯は日常生活から空間的・時間的に区別されている。遊戯は始まる時とそれが終わる時があり、その進行の間、そこにあるのは運動、動きである。動きが終わった後で、また繰り返されるという「反復」「繰り返し」あるいは「順番による交代」などの諸要素は、遊戯の縦糸と横糸に相当するものである。そして、空間的制限が遊戯の特徴であり、遊戯の場は現実から切り離され、その世界はある固有の絶対的秩序によって統治されている。もしも秩序違反が生じれば、遊戯の世界は台無しになり、無価値なものとなる。

遊戯の大部分は美的な領域に属しており、遊戯にはリズムとハーモニーがある。また、遊戯には緊張の要素があり、それは、やってみないと結果は分からないという不確実性によるものである。遊戯が競争的な性格を強くもち、賭け事やスポーツ競技になると緊張の要素は絶頂に達することになる。

ここまで述べてきたことをまとめるならば、遊戯の場は現実の生活や利害から離れて自由であり、遊び自身の楽しさのために人を夢中にさせ、他の手段ではなく、遊ぶこと自体が目的であり、しかも、遊戯は独自の秩序をもった独立した領域であると言える（丹羽、1979：26）[27)]。

遊戯の機能には２つあり、１つは何かを求めての闘争であり、もう１つは何かを表す表現である[28]。そもそも人間はその内部に生の源とでも呼べるようなものをもっており、そうした人間の内部にあって人間を揺り動かすものの働きによって、闘争と表現という2つの機能が生じるのである。これらの機能によって、文化が生まれ発展する。すなわち、遊戯されたものは、個人的経験として蓄積され、さらにそれらは制度として社会に蓄積され、後世に伝えられて文化が形成されるのである。

3．スポーツを遊ぶ

さて、ここまでホイジンガのプレイ論を概説してきたが、彼のプレイ論に基づいてスポーツに言及するなら、人間が楽しさを求めて遊戯することによってスポーツという文化が創り出されたということが言える。陸上競技の世界選手権400メートルハードルで銅メダルを獲得した為末氏は、『ホモ・ルーデンス』を読み、人はなぜスポーツをするのかという問に対して、シンプルに「楽しいから」という答えを見つけることができたと言う[29]。ホイジンガは遊び（遊戯）を、「あるはっきり定められた時間、空間の範囲内で行われる自発的な行為、もしくは活動である。それは自発的に受け入れた規則に従っている。その規則はいったん受け入れられた以上は絶対的拘束力をもっている。遊びの目的は行為そのものの中にある。それは緊張と歓びの感情を伴い、またこれは「日常生活」とは、「別のもの」という意識に裏づけられている。」[30]と定義しているが、為末氏はホイジンガが示す遊戯は大変スポーツ的だと言う。一方で、日本のスポーツ観は健全な心身の育成という教育主義に基づくもので、スポーツはしょせん遊び（遊戯）などと言おうものなら怒られてしまうが、この本を読んで「遊び」を肯定できるようになったと氏は言う。スポーツを遊びととらえることを良しとしない考え方は、日本語の「遊び」（遊戯）という言葉の語感のせいかもしれない。だが、為末氏はそうした日本語の「遊び」ではなく、ホイジンガのプレイ論に基づく「遊び」概念を以下の例で巧く説明している。オリンピック選手には、試しに腕の振りを変えてみようかという発想の「遊び」があり、こうした1つの技術に凝り固まらない発想の豊かさが競技力に影響すると言う。すなわち為末氏のいう「遊び」はおちゃらけた表面的な面白さではなく、創意工夫によっていかに速く走ることができるかを探究する「遊び」なのである。

第2節　カイヨワのプレイ論

1．遊戯の定義

ホイジンガの『ホモ・ルーデンス』に影響を受けて、カイヨワは『遊びと人間』を1958年に著した。遊戯の基本的特徴を見事に分析し、人間が創り出した文化における遊戯の役割を証明したホイジンガの業績を、カイヨワは高く評価している。カイヨワは、ホイジンガと同様に以下の特徴をもつものとして遊戯を定義している[31]。

① 自由な活動（強制されれば、遊戯は魅力的で楽しい気晴らしという性格を失う。）
② 分離した活動（厳密な時間・空間の範囲内に限定される。）
③ 不確定の活動（あらかじめ結果が得られたりすることはない。）
④ 非生産的な活動（財貨も富も作り出さない。ゲーム開始の時と同じ状況に帰着する。）
⑤ ルールのある活動（現実社会のルールではなく、遊戯でしか通用しないルールに従う。）
⑥ 虚構的活動（現実生活と対立する第二の現実。）*4

一方で、カイヨワは、ホイジンガは様々な遊戯そのものを研究したのではなく、文化領域における遊戯の精神の創造性（特に「ルールのある競技を支配する精神の創造性」）の研究をしたのだと言う。そして、ホイジンガの遊戯の定義があまりにも広く、また狭いと批判する。すなわち、ホイジンガが遊戯と聖なるものとの間の親近性を明らかにしたのは有意義なことだが、この２つは異なるものであり、遊戯と聖なるものは区別すべきだとカイヨワは言う。また、ホイジンガは賭博、競馬、宝くじといった賭け事や偶然の遊戯を除外しているとカイヨワは批判する。ホイジンガは聖・俗の２項図式であったが、カイヨワはそれを聖（宗教）・俗（労働）・遊（文化）の３項図式に発展させ、遊戯は聖なる義務からも世俗の要請からも解放された「楽しみや気晴らし」の領域であるとした32)。

２．遊戯の分類

カイヨワの遊戯論の独自性は、遊戯の分類にある。４つの基礎カテゴリーに遊戯を分類した33)。

① 「アゴーン（競争）」（平等の条件が設定され、ある境界の内部で、外からの援助を借りずに行われる競技。）
② 「アレア（機会）」（さいころ遊びを意味し、遊ぶ人の力が全く及ばない決定を基礎とする。）
③ 「ミミクリー（模擬）」（自分の人格を一時的に忘れ、別の人格を装う。）
④ 「イリンクス（眩暈）」（知覚の安定を崩し、明晰な意識に心地よいパニックを惹き起こそうとする。）

カイヨワはこの遊戯の４類型に対して、パイディアとルドゥスという対立軸を設定する34)。パイディアとは自由な即興や跳ね回りたいとか気晴らしをしたいといった原初的能力による遊戯であり、原初的な欲望にルールや文化的意義や創造性の要素が加えられた遊戯がルドゥスである。例えばアゴーンにおいて、パイディアとしての形態をもつものは幼児のルールのない追いかけっこなどがあり、ルドゥスの要素が強くなるとスポーツ競技となる。子どもが象やウサギの形態を真似る遊びはパイディアの要素の強いミミクリーであり、これに芸術的な要素が強まると演劇となる。同じようにアレアの遊戯は、じゃんけんやコインを左右どちらかの手に握ってどちらにあるか当てさせるパイディアとしてあらわれてくるが、ルドゥスとしてはカジノや宝くじなどの制度として確立している。イリンクスでは、子どものくるくる回りやブランコといったパイディアの要素の強いものから、スキー、ワルツなど大人も楽しむ遊戯がある。

第4章　プレイ論に基づく体育・スポーツとは

第1節　逆上がりができたので鉄棒をやめた子どもの話

小学校教員の間でよく耳にする「逆上がりができたので鉄棒をやめた子ども」という逸話がある。体育の時間に、鉄棒の逆上がりが課題としてだされた。先生は、逆上がりができない子どもに「できた喜び」を与えたくて、一生懸命指導した。子どもも休み時間を返上して練習するほどによく頑張った。その成果が出たのだろう。ある時、その子が喜び勇んで職員室に駆け込んで「先生、逆上がりができました」と報告した。「そうか、良かったね」と笑顔で先生は応えた。その時である。「先生、これで僕もう鉄棒しなくてもいいんですよね」と、子どもは言って喜んだという話である。

この話に対して、杉本[35]は、そのこと自体を好きになるかどうかではなく、「できる・できない」という目に見える実績に拘るあまり、子どもたちから興味・関心を奪っていると説明する。松田[36]は、この子どもにとっての逆上がりは、学校生活の中で課されたクリアされるべき課題であり、「スポーツ自体に魅力を感じてやる気になる」という前提がなければ、スポーツ好きの子どもを育むことはできないと言う。

前述したように、ホイジンガやカイヨワはプレイの特徴として、非日常性つまり現実の生活や利害から離れているということをあげている。確かに、日常生活において逆上がりという身体技能を発揮する場面はほとんどない。歯を磨いたり食事をしたりする時の身体技能はなくては困るが、逆上がりの身体技能はなくても困らない。であるからこそ、遊戯の世界の中でそれに意味を与えて、逆上がりに挑戦するのである。そこにプレイとしての逆上がりの楽しさがあるのだ。しかしながら、この子どもは、プレイとしてではなく、学校生活の中でクリアしなければならない課題として逆上がりをとらえていたのである。

ホイジンガは19世紀末に成立した近代スポーツは、組織化、規則の厳格化、記録への拘り、訓練の強化によって、あまりにも真面目なものに傾斜し、本来の遊びの精神を失い、純粋な遊びの領域から遠ざかっていると指摘している[37]。この子どもにとっての逆上がりは、遊戯性を欠いた真面目な課題となっていたのであろう。

従来の体育カリキュラムは、現実社会の要求する目標達成の手段＝教材として、運動を巡る身体性，文化性、社会性をそれぞれ体力、技術、人間関係に目標化し強化するというプロセスを構成してきた。しかし「楽しい体育」では、文化達成ではなく「文化享受」、目標達成ではなく「目標探究」、完成追求ではなく「自己開発享受」、教育ではなく「学習」のカリキュラムとなる[38)]。この子どもが、こうしたカリキュラムに基づいて、鉄棒運動の特性に触れることができていたなら、鉄棒運動の楽しさや喜びの領域を拡大させ、逆上がりで終わるのではなく、もっと他の技に取り組もうとしただろう。

第2節　体育・スポーツの価値の正当化　～手段論／目的論～

逆上がりができたので鉄棒をやめた子どもと、一生懸命受験勉強をして志望大学に入ったら勉強しなくなった大学生には共通するものがある。前者の場合は良い成績をつけてもらうために逆上がりの練習をし、後者の場合は大学に入るために勉強をしている。すなわち、それは何かの目的のため手段として当該の活動をしているという共通点である。

ホイジンガは遊戯の定義において、「遊び（遊戯）の目的は行為そのものの中にある」としている。カイヨワも、遊戯の特徴の１つとして、財貨も富も生み出さない非生産的な活動をあげている。つまり、遊戯は何かの手段としてあるのではなく、遊戯すること自体が目的なのである。

こうした遊戯概念を援用することによって、２つのやり方でスポーツの価値を正当化することができる[39)]。１つは手段論である。それは、例えば企業やアスリートの増収、健康増進、健全な精神や集団への忠誠心の向上といった社会的価値を生み出す手段としてスポーツを正当化するものである。もう１つは目的論であり、スポーツの価値をスポーツ自身に内在するものとしてとらえ、スポーツの体験そのものが意味と価値を持ち、自己目的的な活動としてスポーツを正当化する考え方である。後者が、プレイ論に基づくスポーツのとらえ方であることは言うまでもない。高校バスケットボールを題材にした「スラムダンク」の主人公、桜木花道は、赤木晴子に一目惚れした。晴子に好かれたい一心でバスケットボールを始めたのだが、この段階では晴子に好かれるための手段としてバスケットボールをとらえている。しかし、庶民のシュートだとバカにしていたレイアップシュートを繰り返し練習し、やがてコツ（置いてくる感じ）をつかみ、プチ達成感を得た。そうした積み重ねによって、バスケの本質的な素晴らしさをわかってくると、目的論的な範疇に入ってくる。

しかしながら、日本の場合明治期に移入されたスポーツの受け皿が学校であったこともあり、伝統的に教育の手段としてスポーツがとらえられることが一般的である。例えば、2011（平成23）年に施行されたスポーツ基本法の前文において、「スポーツは、世界共通の人類の文化である」としながらも、「スポーツは、心身の健全な発達、健康及び体力の保持増進、精神的充足感の獲得、自立心その他の精神の涵養等のために個人または集団で行われる運動競技その他の身体活動」とスポーツが定義されている。このように「スポーツは、○○のために行われる活動」であると、スポーツを手段的にとらえているのである。

体育のあり方も手段論／目的論の枠組みで説明することができる。冒頭の4コマ漫画に登場する先生の水泳のとらえ方も、島崎が言う体育思潮の「身体の教育」「運動を通しての教育」も、シーデントップが批判した「身体の教育」「身体による教育」も、手段論の範疇に入る。それに対して、「運動を目的・内容とする教育」や「プレイ教育としての体育」は目的論の範疇に入り、これらはホイジンガの遊戯論に基づく体育論であり、いわゆる「楽しい体育」の根幹を成す思想なのである。

終章　まとめに代えて
〜カモメのジョナサンの「自由」〜

小説「かもめのジョナサン」の主人公、ジョナサンは、ろくに食事もしないで毎日のように朝から晩まで何百回も低空滑空を試みる。そもそもカモメにとって飛ぶことは、造作ない行為で、それ以上のことでも、それ以下のことでもない。つまり、食物のあるところまで行き、ねぐらのある岸に戻ってくるというルーチンワークに伴う行為に過ぎない。「すべてのカモメにとって、重要なのは飛ぶことではなく、食べることだった。だが、この風変わりなカモメ、ジョナサン・リヴィングストンにとって重要なのは、食べることよりも飛ぶことそれ自体だったのだ。その他のどんなことよりも、彼は飛ぶことが好きだった。」[40)]

母親にどうしてそんなことをするのかと尋ねられたジョナサンは、「ぼくは自分が空でやれる事はなにか、やれない事はなにかってことを知りたいだけなんだ」[41)] と応える。

そして、ジョナサンが次に挑戦したのは加速急降下だった。600メートルの上空から急降下したジョナサンのスピードは時速144キロに達したが、堅い海面に激突してしまった。日没後に意識を取り戻したジョナサンは、仲間と同じ生活をしようと決心し陸地を目指して飛び始めた。だが、闇の中を飛びながら、ハヤブサの短い翼の存在に気づき、それをヒントに加速急降下の練習を再開した、と物語は続く。この小説は一種のファンタジーであるが、この物語の中に遊戯性を看取することができる。

稲垣[42)] は、自身の体操競技の経験とカモメのジョナサンの飛行訓練を重ね合わせ、これはまさにスポーツの世界であり、日常生活の実用術とは何の関係もない「非日常性」の世界の遊びであり、遊びだから面白いのだと指摘する。カモメにとって食べていくための移動手段に過ぎない「飛ぶこと」に対して、ジョナサンは意味と価値を与えて、その行為に喜びを見出しているのである。

ジョナサンは、こうした「非日常」の世界において、飛ぶことそれ自体が楽しいがゆえに、自ら飛ぶことに関する課題を設定して、自発的に吐血奮闘練習に取り組むのである。スポーツにおいて高いパフォーマンスを達成するためには時として「追い込む」ことが必要となる。体罰を伴う指導によっても「追い込み」は可能であるが、これは他者による強制的な「追い込み」である。そうではなく、自らを自らが追い込むのである。ここに遊戯の第1の特徴である「自由」があるのだ。

宙返り、緩横転，分割横転、背面きりもみなどの飛行技術を発見し、「限界突破」を見出したジョナサンに対して、長老カモメは一族の尊厳と伝統を汚したとしてカモメ社会からの追放を言い渡す。ジョナサンは「いまやわれわれは生きる目的を持つにいたったのです。学ぶこと、発見すること、そして自由になることがそれだ！」[43] と叫ぶのだった。

ジョナサンが「飛ぶ楽しさ」に夢中になり、やがてそこから「生きる喜び」を見出したように、体育の時間に子どもたちが運動に夢中になり、そこに喜びを見出すことは可能である。なぜなら、体育で扱われるスポーツには多くの子どもたちを魅了するもの、つまりプレイの要素が満ちているからである。「楽しい体育」論をたどっていくと、そこにはスポーツの文化論が存在する。体育の授業をする教員は、時には立ち止まって、スポーツの本質的価値は何か、子どもたちにとっての体育とは何かを再考する余裕を持つことも必要だろう。まずは、冒頭の漫画に登場する教員が、もしも文化論的プレイ論者だったら子どもたちの問いかけに何とコメントするだろうか、と考えてはいかがだろうか。

【注釈】

＊1　しりあがり寿「地球防衛家のヒトビト」朝日新聞夕刊　2005年8月1日付

＊2　本節の学習指導要領については、国立教育研究所のホームページから引用した。
http://www.nier.go.jp/guideline/（2015年9月28日閲覧）

＊3　グートマンの訳書では、「遊び」となっているが、本節と次節の用語を統一するために図2では「遊戯」とした。また、「頭を使う」を「知的な」とし、「肉体を使う」を「身体的な」と変更した。

＊4　遊戯は、⑤「ルールがある活動」かつ⑥「虚構的活動」ではなく、ルールがあるか、もしくは虚構的であるかのどちらかである。

【文献】

1）文部科学省，2014,『水泳指導の手引（三訂版）』（学校体育実技指導資料　第4集），アイフィス.

2）島崎仁，1998,『スポーツに遊ぶ社会に向けて—生涯スポーツと遊びの人間学』，不昧堂出版，146-174.

3）斎藤重徳・梶谷朱美・佐野修・川本浩伸・藤原由紀，1995,「生涯スポーツを指向した保健体育科の授業像」，島根大学教育学部紀要（教育科学），29，17-29.

4）鈴木秀人，2008,「子どもの現在と「楽しい体育」」，全国体育研究会編，『「楽しい体育」の豊かな可能性を拓く』，明和出版，50-63.

5）高橋健夫，2006,「楽しい体育論」，日本体育学会監修，『最新スポーツ科学事典』，平凡社，615-616.

6）竹之下休藏，1972,『プレイ・スポーツ・体育論』，大修館書店.

7）佐伯年詩雄，2006,『これからの体育を学ぶ人のために』，世界思想社，189-190.
8）高橋健夫，2006,「プレイ体育論」，日本体育学会監修，『最新スポーツ科学事典』，平凡社，616.
9）Siedentop, D., 1976, *Physical Education—Introductory Analysis, Second Edition,* Wm. C. Brown Company Publishers.（前川峯雄監訳，高橋健夫訳，1981,『楽しい体育の創造―プレイ教育としての体育』，大修館書店，113-114.）
10）同上書９），118-147.
11）前掲書９），255.
12）前掲書９），v.
13）丹羽劭昭，1967,「スポーツの概念」，浅井浅一編著，『体育学論叢（Ⅰ）』，日本辞書，153-184.
14）佐伯聰夫，1987,「スポーツ」，岸野雄三編集，『最新　スポーツ大事典』，大修館書店，521-524.
15）Gillet, B., 1948, *Histoire du Sport,* Presses universitaires de France.（近藤等訳，1952,『スポーツの歴史』，白水社，17.）
16）Guttmann, A., 1978, From Ritual to Record : The Nature of Modern Sports, Columbia University Press.（清水哲男訳，1981,『スポーツと現代アメリカ』，TBS ブリタニカ，７-29.）
17）樋口聡，1987,『スポーツの美学』，不昧堂出版，16-31.
18）前掲書16），19.
19）前掲書17），26.
20）樋口聡，2009,「多面体としてのスポーツ」，現代スポーツ評論，20，68-79.
21）前掲書17），31.
22）前掲書20），71.
23）ホイジンガ，高橋英夫 訳，1973,『ホモ・ルーデンス』，中央公論社，110.
24）同上書23），16-21.
25）前掲書23），28-37.
26）前掲書23），109.
27）丹羽劭昭，1979,「J. ホイジンハの“Homo Ludens”における遊戯の概念―日本的遊戯概念との比較も加えて」，丹羽劭昭編著，『遊戯と運動文化』，道和書院，13-39.
28）前掲書23），42.
29）為末大，2012,「『スポーツは遊び』肯定」，朝日新聞朝刊，2012年７月22日付，読書欄.
30）前掲書23），73.
31）カイヨワ，R.，清水幾太郎・霧生和夫 訳，『遊びと人間』，岩波書店，３-14.
32）岡崎宏樹，2010,「聖俗遊理論―カイヨワ」，日本社会学会編，『社会学事典』，丸善，114-115.
33）前掲書31），19-39.
34）前掲書31），40-55.
35）杉本厚夫，2011,『「かくれんぼ」ができない子どもたち』，ミネルヴァ書房，172.
36）松田恵示，2004,「「行う」楽しさを例に―こんな授業づくりがスポーツ好きの子どもを育てる」，体育科教育，52（9），30-33.
37）前掲書23），399-401.
38）菊幸一，2008,「「楽しい体育」のカリキュラム構想」，全国体育研究会編，『「楽しい体育」の豊かな可能性を拓く』，明和出版，89.
39）佐伯年詩雄・清水諭，2005,「文化としてのスポーツ」，日本体育協会 編集発行，『公認スポーツ指導者養成テキスト 共通科目Ⅰ，47.
40）バック，R.，五木寛之 創訳，2014,『かもめのジョナサン　完成版』，新潮社，21.
41）前掲書40），23.
42）稲垣正浩，1993,『スポーツを読む』，三省堂，241-256.
43）前掲書40），50.

身体運動やスポーツにおける動きの分析

立　正伸

序章　身体運動やスポーツにおいて動きを分析する意義

身体運動やスポーツにおいて、動きの習得やパフォーマンスの向上を目的とした指導に必要となることは何であろうか。まず必要なのは、目標とする動きやパフォーマンスの具体的なモデルを持つことである。例えば、水泳でクロールの指導をしなければいけないのに、クロールの泳ぎ方のイメージや知識が全くなければ、指導することは不可能である。そして、指導においては、現状を把握して課題を抽出するため、学習者の動きを観察し、目標とするモデルと比較して評価することが必要となる。では、このような評価は、何をもとに行われているのであろうか。例えば、ある動きを見て、力強い、速い、効率が良い、上手い、無駄がない、美しいといった言葉で評価を行う時、その多くは指導者の主観で評価が下されているのではないだろうか。このような経験則や感覚に基づいた指導者の主観的な評価は、即時にフィードバックできるものであり、指導において非常に有益なものであると考えられる。しかしながら、主観的な評価には、先入観がつきものであり、動きの本質的な理解が行われておらず、重要となる情報を見逃してしまっている可能性もある。一方、肉眼でとらえきれない視覚情報を得たり、動きの情報を数値化したりすることで、客観的な評価を下すことが可能となる。また、経験則や感覚だけでなく、客観的な分析によって得られた情報や、力学、生理学、生化学などの知識を活用することで、科学的な根拠に裏打ちされたモデルをつくり上げることも可能であると考えられる。さらに、学習者自身が、自分の動きの修正やパフォーマンスの向上を目指していくうえでも、客観的な視野に立って情報を集め、自身の感覚と組み合わせていくことが大切であると考えられる。近年、身体運動やスポーツにおける動きを客観的に評価するために活用できるテクノロジーはめざましい進歩を遂げている。そのため、現在の指導者には、身体運動やスポーツにおける動きに関連する科学的な知識を深め、最先端のテクノロジーを有効に活用していくことが求められていると考えられる。

本稿では、身体運動やスポーツにおける動きを客観的にとらえるために必要な知識や手段を提示したいと考える。そのために、まず、身体運動やスポーツにおける動きをとらえるための手段を紹介し、その後に、実際の身体運動やスポーツの指導や研究現場で行われている解析の実例を交えて、動きの分析を行う方法について概説する。

第1章　動きを客観的にとらえる手段

身体運動やスポーツの場面を客観的にとらえようと思った場合、誰もがまず思いつくのは映像を撮影することであろう。例えば、村松と村山[1)]は、大学の体育授業で、教員の指導に加え、即時の映像フィードバックを用いて練習を行った時の学生の学習成果や評価を検討している。その結果、映像を用いて練習することによって学習成果が向上するとともに、授業評価が高くなったとしている。また、大学野球部の選手を対象としたバッティング練習中の映像フィードバックが、打撃のパフォーマンス向上に有効であったとする研究もある[2)]。この研究は、継続的に練習中に映像をフィードバックされることで、指導者からの直接的な指導を受けなくても、選手自身で打撃のパフォーマンスを向上させることができる可能性があることを示唆している。これは、映像フィードバックを通して、実際の動きと主観的な感覚のずれを学生自身が確認することで、動作の改善をはかれることをあらわす例だと言える。

以前は、映像を撮影するためのビデオカメラは高価であったりサイズが大きいものであったりした。また、ビデオテープに映像を記録するため、撮影した映像から特定のシーンを抽出したりする作業も大変であった。しかし、現在では、映像を撮影する専用の機器を用意しなくてもスマートフォンのカメラなどを利用して質の高い映像を撮影することができるようになっている。映像において、1つの画面を表現する格子（画素）の細かさである解像度は、近年、SD 画質（720×480画素）から Full HD 画質（1920×1080画素）、さらには、4K 画質（3840×2160画素）へと進化しており、非常に精細な映像を手軽にとらえられるようになった。このような映像は、デジタルデータとしてハードディスクやメモリーカードに保存できる。その結果、コンピュータソフトやスマートフォンのアプリケーションを使った映像の再生や編集が簡易に行えるようになったり、コピーして配布したりすることも可能となった。また、高価なソフトウェアを用意しなくても、スマートフォンなどのアプリケーションを利用して動きの分析も可能になっている。さらに、情報ネットワーク技術の発達で、多くの映像が Web 上で配信されるようになり、自分から配信することも容易になっている。そのため、身体運動やスポーツの指導においても、映像を用いることが当たり前の時代になってきていると言えるだろう。

ところで、映像を用いた指導を行う場合、どのように映像を撮影し、どのように見せるかが重要となる。例えば、複数の選手が同時にプレーに参加するようなスポーツにおいて戦術や戦略を評価するためには、高いところから広い範囲を俯瞰した映像が有効である。一方、ある特定の人の動作を評価するためには、その人の動作を抽出してとらえることが必要であり、自分自身や指導者の視点ではとらえられない視覚情報を得るために、複数の視点から同時に映像を撮影することも有効となる。動作を比較する場合は、撮影する視点を可能な限り統一することが必要となる。

肉眼でとらえきれない運動やスポーツの速い動きをとらえるために用いられる機器として、ハイスピードカメラがある。一般的なカメラの映像は、１秒間に30または60枚の画像から構成されているのに対し、ハイスピードカメラでは１秒間に100枚以上の画像から映像が構成されており、速い動きをスローモーションにしてとらえることが可能である。

このように、ビデオカメラやデジタルカメラ、スマートフォンなどを用いて多様な映像を容易に撮影し、観察・分析することができるようになっている。そのうえで、身体運動やスポーツにおける動きを客観的にとらえ指導や学習に役立てていくためには、適切な撮影方法や見せ方を選択するため、指導者や選手自身が動きをとらえるポイントをしっかり把握した上で、適切な撮影方法や見せ方を選択して撮影を実施していかなければならない。

映像の活用の他にも、身体運動やスポーツ動作を分析するための手段は存在する。例えば、関節の曲げ伸ばしなどの動きをリアルタイムに直接測定するために活用できる機器としてゴニオメーターがある。また、活動量計や万歩計などといった製品でも活用されている加速度計は、ヒトの運動を定量化するために広く用いられている。例えば、加速度計を角度変化を測定できるジャイロセンサーや、方角を測定できる地磁気センサーと組み合わせることで、ヒトの姿勢の変化や関節の動きを評価する試みも行われている。一方、広いフィールドで行われる運動では、衛星からの信号を受け取るGPS（全地球測位システム）を利用して動きを追跡する試みも行われている。これらのセンサーは、スマートフォンやカーナビゲーションなどでも使用され、目的地までの経路を地図上で表示して案内したり、スマートフォンを操作するインターフェースとして用いられ、比較的入手しやすくなっている。今後もそれらの活用が増えてくるであろう。例えばゴルフクラブやテニスラケットに取りつけて、自分のスイングの種類や速度、ボールの速度や回転などが検出可能な機器がすでに商品化されており、一般でも入手することが可能になっている。

一方、運動を引き起こす筋の活動を評価するための手段として、筋の電位の変化をとらえる筋電図という手法がある。筋の活動は、脊髄の中にあるα運動ニューロンが、脳からの指令や脊髄を経由する反射によって興奮し、それが骨格筋線維に伝えられることによって起きる。この時、神経線維が骨格筋線維と連絡する神経筋接合部では、神経終末からアセチルコリンという化学伝達物質が放出され、それによって筋線維膜上の脱分極が起き、活動電位があらわれる。この筋の活動電位を細胞外から電極により導出したものが筋電図であり、筋力発揮の大きさやその調整を評価することができる。また、筋が収縮する際の微細な振動をとらえる筋音図という方法で、筋の機械的活動や機能を評価することもできる。さらに、ヒトが発揮した力を測定する手段としてフォーストランスデューサなどがあり、陸上の動作においては、ヒトが地面に対して発揮した力や、その力の発揮方向を測定するために床反力計が用いられることも多い。これらの手段を用いることで、映像をもとにした動作解析だけでは得られない情報を取得することができ、動きのメカニズムを解明することに役立つと考えられる。

第２章　映像を用いて動きを分析する

第１節　動きを局面に分けて分析する

第１章では、身体運動やスポーツにおける動きを客観的にとらえる手段について先述した。その中で、映像以外に動きをとらえる手段についてもいくつか紹介したが、映像を用いる方法が動きの習得やパフォーマンスの向上を目的とした指導において最も有効に活用されていると考えられるため、ここでは主として映像を用いた分析について述べる。

ある動きを分析して評価する場合、どのように行っているのであろうか。身体運動やスポーツにおける動きは、多くの場合、一連の流れを持ったものである。しかし、流れ全体をまとめて評価するだけでは、動きの習得やパフォーマンスの向上に対して有効な示唆を得ることは難しいだろう。そのため、動きの分析を行う場合、その一連の動きの流れをいくつかの局面に分けて評価することが多い。例えば、歩行と走行における動きを局面に分けて、その違いを説明してみる。まず歩行では、両足が地面についている状態である両脚支持期と、どちらか一方の足だけが地面についている状態である片脚支持期を交互に繰り返している。それに対して、走行では、どちらか一方の足だけが地面についている状態である立脚期と、片足で地面を蹴って両足が地面を離れた状態である遊脚期を経て、もう一方の足が地面について立脚期をむかえるという動作を繰り返している。つまり、歩行に見られる両脚支持期は走行には存在せず、走行に見られる遊脚期は歩行には存在しないのである。このように歩行と走行では、脚が接地しているか離地しているかで局面を分けているが、運動の観察や指導においては、大きく「準備局面」、「主要局面」、「終末局面」に分けて動きを評価することが多い。例えば、野球であれば、バットがボールをとらえるインパクトの時点が主要局面であり、その前が準備局面、フォロースルーが終末局面といえる。また、走り幅跳びであれば、助走から踏切が準備局面、踏切から空中姿勢が主要局面、着地が終末局面であるといえる。実際に動きを分析するためには、まずこの３つの局面に動作を分けて動きをとらえ、必要があればそこからさらに細分化した局面について分析をすすめていくことになると考えられる。

ところで、ひとつの動きだけではなく、スポーツの試合を局面に分けて評価することもできる。例えば、競泳のレースでは、パフォーマンスを計る最も簡単な指標はゴールのタイムとなる。しかし、タイムは泳ぎのスピードだけを反映しているわけではないので、タイムだけで泳者の能力を評価することはできない。なぜなら、タイムは、スタート台から飛び込むスタート局面、プールの端で折り返すターン局面、タッチを含むフィニッシュ局面、そして、それらを除いたストローク局面の所要時間を合計したものだからである。そのため、泳者のパフォーマンスをできるだけ正確にとらえようとするならば、レースを局面に分けて評価することが必要である。このような取り組みは、実際に競技力強化を目的として各国の水泳チームで行われており、映像分析を専門とするスタッフが競技会に帯同することも当たり前になっている。日本でもこのような取り組みは実施されており、水泳連盟科学委員会では、レース分析プロジェクトとして1987（昭和62）年より日本選手権および国内で開催された国際大会などにおいて実施している。著者も1996（平成８）年よりそのプロジェクトに参加してきた。また、健常者だけでなく、障がい者の国際大会などにおいても映像分析を行ってきた。

以下に、競泳のレース分析の内容と得られる情報について紹介しようと思う。図１は、高校生の水泳選手が、県大会、地方大会、全国大会で泳いだ200m背泳ぎのレースを分析し得られた結果である。ここでは、200mをスタート局面（０～15m区間）、ターン局面（45～65m、95～115m、145～165m区間）、フィニッシュ局面（195～200m区間）、ストローク局面（15～45m、65～95m、115～145m、165～195m区間）に分けて評価しており、ターンについては、ターン5m前から壁につくまでのターンインと、壁についてから壁を蹴って15m地点に到達するまでのターンアウトに分けた評価も行っている。さらに、ストローク局面における泳者の泳ぎを評価する指標として、泳速度の他に、泳速度を決定するストロークタイム（ひとかきにかかる時間）とストローク長（ひとかきで進む距離）を分析している。そして、ストロークタイムからストローク頻度（１分間あたりのストローク数）を算出している。また、数値データを視覚的にとらえるため、図１には県大会決勝と地方大会決勝および全国大会予選の通過時間の差を表したグラフ、スタート・ターン・フィニッシュタイムのグラフ、泳速度、ストローク頻度、ストローク長のグラフも記載されている。この結果をもとにして、例えば、もっとも速かった地方大会の決勝よりも２秒くらい遅くなってしまった全国大会予選のパフォーマンス低下にもっとも大きく影響したのは、レース中のどの局面であったのか検討してみる。ターンタイムのグラフをみると、全国大会では、ターンタイムが遅くなっていることがわかり、ターンが上手にできなかったことが全体のパフォーマンスに大きく影響していることがわかる。また、泳速度変化のグラフから65～95m区間および115～145m区間の泳速度が全国大会で低くなっている。この原因は、ストローク頻度のグラフから、泳ぎのピッチが落ちていたことによることが示唆される。これらの分析結果は、競泳のレースにおいて、基準となる通過地点をいくつか設定し、その通過時間を映像を再生できる機器やソフトを利用して読み取ることによって得られたものであり、誰でも分析することが可能なものである。実際、水泳連盟のレース分析でも、映像の撮影や分析において特殊な機材を使用しているわけではなく、一般的なビデオカメラで撮影した映像をパソコンに取り込み、Microsoft 社のエクセル上で映像を再生する自作ソフトを用い、手動で通過時間の測定を行っている。しかし、一見してわかるように、このようなシンプルな分析でも非常に多くの情報が得られる。このような分析は、陸上競技、スピードスケート、カヤックといったタイムを競う競技でも行われており、

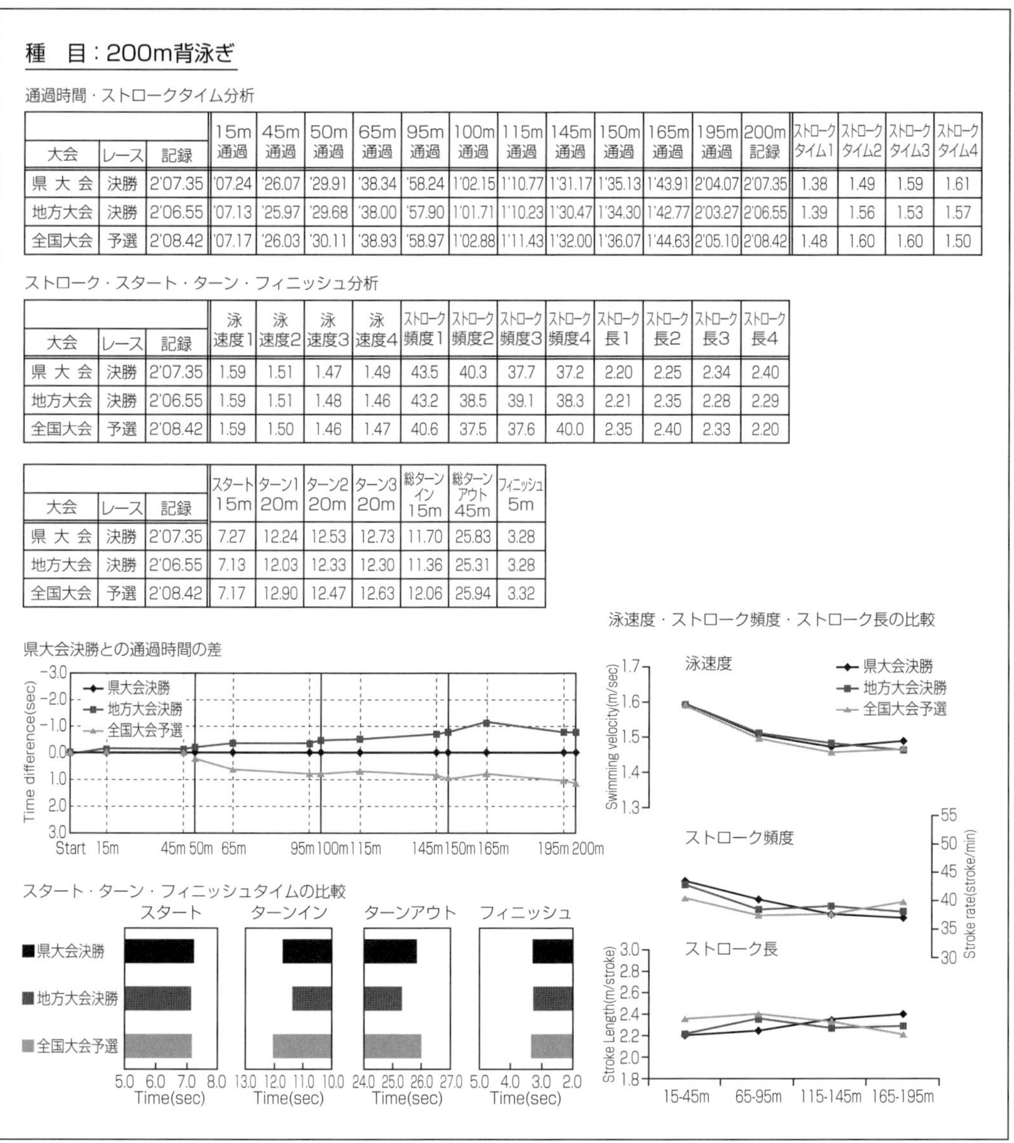

種　目：200m背泳ぎ

通過時間・ストロークタイム分析

大会	レース	記録	15m通過	45m通過	50m通過	65m通過	95m通過	100m通過	115m通過	145m通過	150m通過	165m通過	195m通過	200m記録	ストロークタイム1	ストロークタイム2	ストロークタイム3	ストロークタイム4
県大会	決勝	2'07.35	'07.24	'26.07	'29.91	'38.34	'58.24	1'02.15	1'10.77	1'31.17	1'35.13	1'43.91	2'04.07	2'07.35	1.38	1.49	1.59	1.61
地方大会	決勝	2'06.55	'07.13	'25.97	'29.68	'38.00	'57.90	1'01.71	1'10.23	1'30.47	1'34.30	1'42.77	2'03.27	2'06.55	1.39	1.56	1.53	1.57
全国大会	予選	2'08.42	'07.17	'26.03	'30.11	'38.93	'58.97	1'02.88	1'11.43	1'32.00	1'36.07	1'44.63	2'05.10	2'08.42	1.48	1.60	1.60	1.50

ストローク・スタート・ターン・フィニッシュ分析

大会	レース	記録	泳速度1	泳速度2	泳速度3	泳速度4	ストローク頻度1	ストローク頻度2	ストローク頻度3	ストローク頻度4	ストローク長1	ストローク長2	ストローク長3	ストローク長4
県大会	決勝	2'07.35	1.59	1.51	1.47	1.49	43.5	40.3	37.7	37.2	2.20	2.25	2.34	2.40
地方大会	決勝	2'06.55	1.59	1.51	1.48	1.46	43.2	38.5	39.1	38.3	2.21	2.35	2.28	2.29
全国大会	予選	2'08.42	1.59	1.50	1.46	1.47	40.6	37.5	37.6	40.0	2.35	2.40	2.33	2.20

大会	レース	記録	スタート 15m	ターン1 20m	ターン2 20m	ターン3 20m	総ターンイン 15m	総ターンアウト 45m	フィニッシュ 5m
県大会	決勝	2'07.35	7.27	12.24	12.53	12.73	11.70	25.83	3.28
地方大会	決勝	2'06.55	7.13	12.03	12.33	12.30	11.36	25.31	3.28
全国大会	予選	2'08.42	7.17	12.90	12.47	12.63	12.06	25.94	3.32

図１　競泳のレース分析結果の一例

試合のみならず練習においても活用できるものであり、分析対象者のパフォーマンスを評価するために有効な情報を提供できると考えられる。

一方、得点を競うような競技でも、試合中のチームや選手のパフォーマンスを評価するための分析が行われている。このような分析は一般的にゲーム分析と呼ばれることが多く、野球などでいうスカウティングのようなものである。野球で打者を評価する打率、打点、本塁打数、三振数、四死球数、盗塁数などのたくさんの指標もゲーム分析データといえるであろう。また、打者の打撃の傾向を、対戦相手の投手やカウントなどのシチュエーション別に算出したデータは、戦術を組み立てるうえで貴重なデータとなるであろう。実際の試合において、ゲーム分析の重要性は高まっている。例えば、バレーボールの全日本女子チームではベンチにタブレット端末を持ち込み、試合中に分析スタッフの行ったゲーム分析で得られたデータを活用することで、リアルタイムに選手の客観的なパフォーマンスを把握して戦術を組み立て、チームのパフォーマンス向上に役立てたというような報道もある。

また、テニスの国際大会などで導入されているホークアイシステム（Hawk-Eye Innovations Inc. 社）は、競技場に設置された複数のカメラがとらえた映像からボールの軌道を再構築して、コンピュータグラフィックスで瞬時に再現することができる。このようなシステムを活用することで、多くの労力が必要であったボールやヒトの動きを、ほぼリアルタイムに追跡して精度良く分析することができ、それらを統計化することで、試合の正確なデータを選手やコーチに提供することができるようになっている。このようなスポーツ現場での分析手法は、身体運動やスポーツの指導現場でも広く応用可能であり、活用が期待される。

第２節　映像を用いた動作解析

動作解析を行いヒトの動きを評価する試みが、これまで数多くの研究でなされている。ヒトの動きを評価するための動作解析では、ヒトの体をいくつかの部位（セグメント）に分け、それぞれのセグメントが力を加えても変形しない剛体であると仮定して、関節運動などを評価することが多い。例えば、動作解析の分野でしばしば参照されるモデルに、阿江ら[3]の日本人アスリートの身体部分慣性係数がある。このモデルでは、全身を頭部、胴体（上胴、下胴）、上腕、前腕、手、大腿、下腿、足に分けてそれぞれの部位の質量、重心、慣性モーメントを推定している。このようなモデルを用いることで、運動中の各関節の動きや身体重心位置の変化などのキネマティクスや、関節トルクなどのキネティクスを検討することが可能となる。２次元の平面や３次元の空間において物体の動きを表現する場合、その物体の並進運動と回転運動を記述する必要がある。並進運動は、物体を構成する各点が同一方向に平行移動する運動であり、回転運動とは、物体のすべての点が１つの固定点を中心とする同心球面上を同じ角速度で移動する運動である。つまり、物体の動きは、物体内のある点の移動とその点を中心とする回転運動に分けられるということである。例えば、野球の投球ではステップ脚を投球方向に踏みだして重心を前方に移動する動きが並進運動、ステップ脚の接地後に体幹をひねっていく動きが回転運動と表現されることが多い。並進運動を記述するためには、変位、速度、加速度が必要であり、回転運動を記述するためには、角変位、角速度、角加速度が必要となる。さらに、３次元空間上での運動を記述するためには、これら６変数×３方向（平面）の18個の情報が必要となる。つまり、複数のセグメントを持つヒトの動作では、１つのセグメントの動きを記述するのに18個もの情報が必要ということである。

実際の映像を用いた動作解析では、映像の各コマの画像上で分析する点をデジタイズしてその座標を得る。分析する点は、各セグメントが定義できるよう設定し、判別しやすいように反射マーカーなどを貼付する。また、映像上の長さと実空間での距離との対応をとるため、実際の動作を行う前または後に、既知の長さの物体を撮影するキャリブレーションを行う。このキャリブレーションのデータを利用して、画像上の座標を実空間の座標へと変換する。実座標化する方法としては、DLT 法（Direct Liner Transformation Method）を用いることが多い。一般的に、映像を用いた動作解析では、ほぼ手動でデジタイズを行うことが多く、動きを分析するために必要な多数の点の座標を取得するためには、多大な労力と時間が必要となる。動作解析の方法の１つとして、１台のカメラの映像を用いた２次元動作解析がある。これは、身体運動やスポーツにお

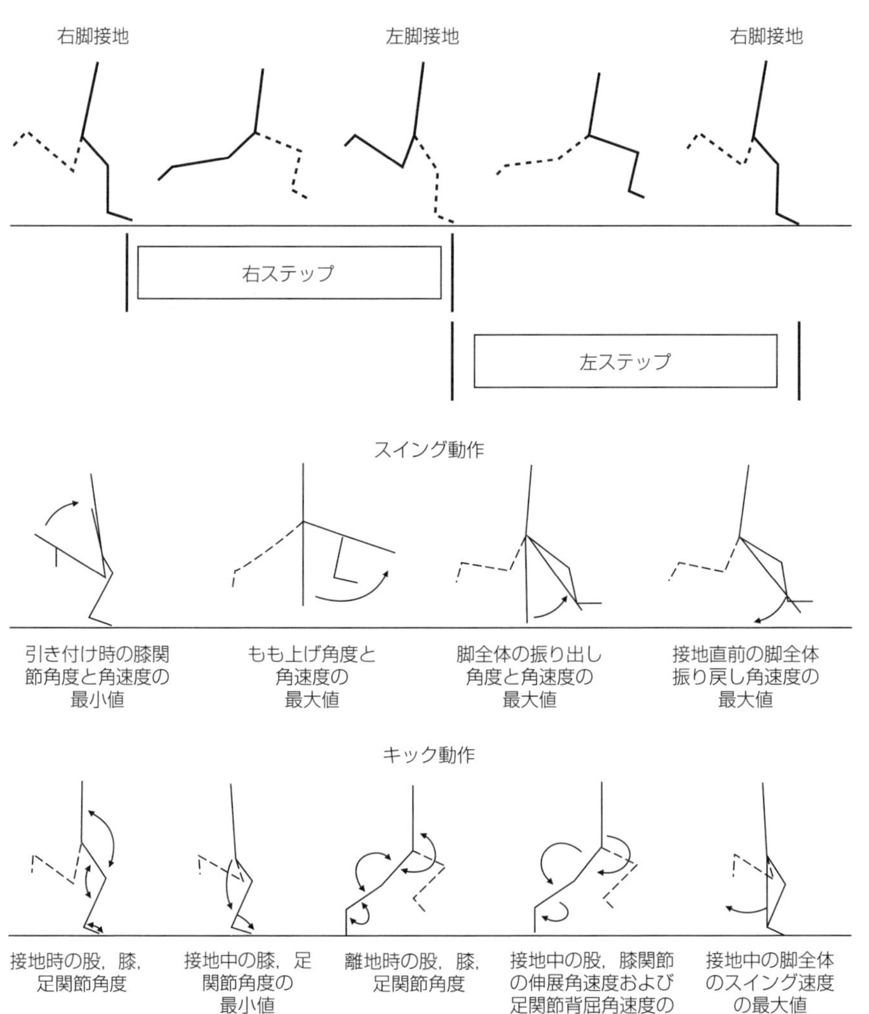

図２　走動作の分析において算出した項目

出典）大沼勇人・平野裕一・立正伸，2014「陸上競技400m走後半の曲走路における左右脚の動作の変化」，『体力科学』，63（2），272.

ける動きのうち、単一の平面内で動作の大部分が行われる動きを分析する際に用いられることが多い。図２は、陸上競技における走動作の２次元解析の分析方法の例である[4]。この例では、体を左右に２つに分けるように縦に切る面と平行な矢状面における左側の下肢の動作を分析している。また、下肢の動作を分析するために、左肋骨下端、左大転子点、左右脚の膝関節中心、左足外果、右足内果、左右つま先の８つに基準点を設定している。そして、全体の動きをスイング局面とキック局面に分け、それぞれの局面におけるいくつかの下肢関節角度や角速度の変化に着目して分析を行っている。このような矢状面における２次元の動作解析は、１台のカメラで撮影した映像を分析することで実施できるため比較的簡便で、走行の他に跳躍動作などでも実施されており、体を正面から見た面と平行な前額面の動きや、体を真上から見た面と平行な水平面の動きを検討することはできないものの、特定の平面内での動作がパフォーマンス全体に及ぼす影響が大きい動きを分析する場合には有効な方法であると考えられる。

図３は、走行動作を３次元動作解析したものである。(a) は動作を矢状面から、(b) は前額面から、(c) は水平面から見たスティックピクチャーである。この実験では、複数台のカメラを用いて映像の撮影を行い、その映像のデジタイズを行うことで、実空間上の座標を算出している。この例を見てわかるとおり、空間上の座標を一回算出してしまえば、無数のカメラを設置したかのように、どのような方向からもその動きを見ることができるようになる。さらに、３次元動作解析の場合は、実際のカメラを設置できない方向からも動作を確認できるという特徴がある。しかしながら、複数台のカメラを設置してその映像をデジタイズしなければならないため、２次元

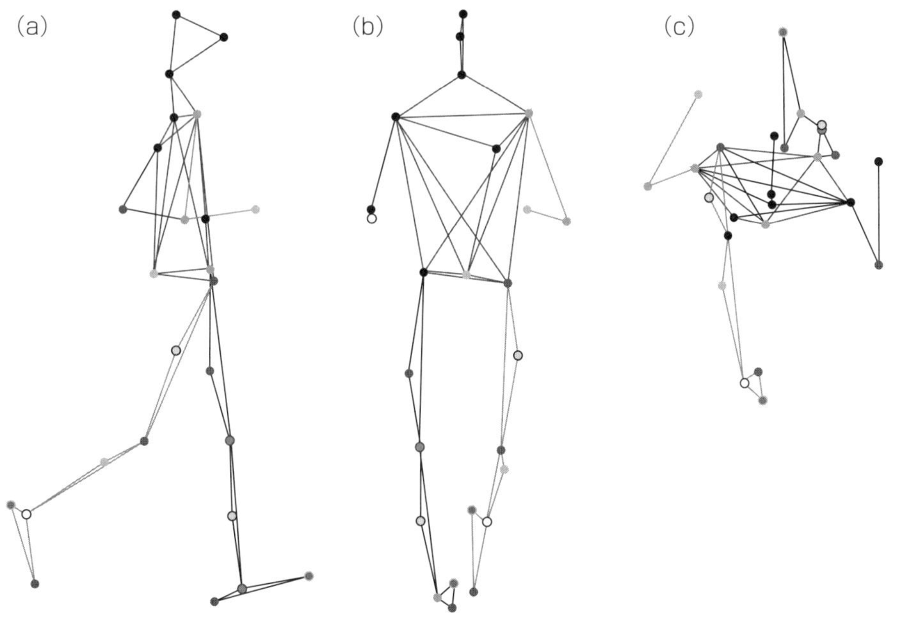

図３　３次元動作解析によって得られた走動作のスティックピクチャー

動作解析よりもデータを分析する労力は大きくなる。

近年では、複数台の赤外線カメラなどを用いてヒトの動きを自動的に分析することができるモーションキャプチャーシステムなどの活用も研究機関などを中心に広がっており、動作解析に多くの時間と労力をかけることなく、リアルタイムに動きの詳細な分析が可能となっている。また、ゲーム機などでも、プレイヤーの位置や動きを読み取って直感的にゲームをプレーすることのできる安価な装置などが登場している。今後は、このような機器を用いることで、専門的な研究機関でなくともリアルタイムに動きを分析できるようになっていくと考えられる。

第3節　映像を用いた動きの分析の課題

これまで述べたように、映像を用いた動きの分析では、非常に多くの情報が得られる。しかし、得られた情報が多すぎると、必要な情報が何かわからなくなり、動きの習得やパフォーマンスの向上を目的とした知見を導き出すことは困難になってしまう。そのため、動作解析においては、ただ、闇雲にデータを取得して分析するのではなく、自分が目的とする知見を得るために必要と考えられる情報が何かを見極め、それに関連する動きを抽出して分析することが重要となる。また、動きを外から観察するだけでは、実際にその動きがどのように起こったのか、正確に理解することはできない。例えば、歩行時に地面を蹴る時は足関節は底屈される。これは歩行動作を外から観察すれば簡単にわかることである。では、この観察結果から蹴り出しにおいては足底屈筋である腓腹筋を収縮させて筋力発揮を行っていると言えるのであろうか。福永ら[5]は、歩行中に活動する外側腓腹筋の筋と腱の長さ、筋活動を反映する筋電図、膝および足関節の関節角度、床反力の変化について検討している。この研究では、歩行時の蹴り出しを行うために足関節角度が底屈される時、腓腹筋の活動はほとんど起きていないことが示されている。むしろ、腓腹筋は、蹴り出しより前の時点で活動しており、その時には足関節角度の変化がほとんど起きていないのである。それでは外部から見えないところで、何が起きているのであろうか。この研究において、超音波装置という機械を使って測定した腓腹筋の筋組織と腱組織の長さを検討した結果から、支持期中には筋組織の長さはほとんど変化せず、腱組織の長さが長くなっており、蹴り出し時に筋および腱組織が急激に短縮していることが明らかとなった。このことから、歩行における蹴り出しでは、関節運動が起きている時に筋が力発揮を行っているわけではなく、関節運動が起きる前に効率が高く発揮筋力の大きい等尺性収縮を行って、バネのような特性を持つ腱に弾性エネルギーを蓄積し、その短縮を利用して動作が行われているということができるのである。このような例は、反動を使った動作でよく見られるものであり、目で見える動きと力発揮のタイミングや大きさは必ずしも一致するわけではないということに注意しなければならない。このように、身体運動やスポーツにおいて、動きを評価するうえでは外側から観察してとらえた動作をバイオメカニクスなどの知識に基づいて解釈していかなければならない。さらに、動きの習得やパフォーマンスの向上を目的とした指導を行うためには、動きを客観的にとらえるだけでなく、どのように意図して運動を行っているのかという、運動者の主観的な感覚もきちんと把握しておく必要がある。つまり、意図した動きが意図したとおりに行われているか確認しながら、動きの習得やパフォーマンスの向上を目的とした指導を行うことが必要なのである。

終章　動きの分析を役立てるには

指導現場などでは、昔から変わらない伝統的な指導法や練習方法がいまだに多く行われている。確かに、直感や経験に支えられた身体運動やスポーツの指導方法、根性論に基づいた練習方法などにも意味はあり、有効な部分もあると考えられる。しかしながら、経験則や感覚に頼るだけでなく、科学的な知識を深めて動きの本質的な理解を行い、客観的な分析によって得られた情報を活用して指導を進めていく方が有効であると考えられる。身体運動やスポーツにおける動きを客観的に評価するために活用できるテクノロジーはめざましい進歩を遂げており、身体運動やスポーツにおける動きに関する莫大なデータが簡単に得られるようになっていくであろう。このようなテクノロジーを有効活用していくためには、その有効性や限界点をしっかり理解して活用していくことが必要であり、自分が必要な情報は何か、その情報を得るためにはどのようにすれば良いのかをしっかり把握し、たくさんある情報の中から、取捨選択していくことが必要となるであろう。

以前には想像もできなかったことが、現在の社会では当たり前のこととなっているように、10年、20年後には、現時点では想像もできないようなテクノロジーや知識が社会にあふれているだろう。現状に満足することなく、積極的に最新のテクノロジーや知見について学び続け、自分の持つ経験や感覚と組み合わせて活用し、動きの習得やパフォーマンス向上を目的とした指導に役立てていってほしい。

【文献】

1）村松憲・村山光義，2008，「大学テニス授業への映像フィードバック導入事例～自動スロー再生機能を用いて～」，『慶應義塾大学体育研究所プロジェクト研究報告』，31-39.

2）寺井宏文・立正伸，2011，「映像フィードバックを用いた練習がバッティング技術に与える影響」，『スポーツパフォーマンス研究』，3，138-152.

3）阿江通良・湯海鵬・横井孝志，1992，「日本人アスリートの身体部分慣性特性の推定（1部　形態と運動の計測）」，バイオメカニズム，11，23-33.

4）大沼勇人・平野裕一・立正伸，2014，「陸上競技400m 走後半の曲走路における左右脚の動作の変化」，『体力科学』，63（2），269-278.

5）Fukunaga T, Kubo K, Kawakami Y, Fukashiro S, Kanehisa H, and Maganaris CN, 2001, *In vivo behaviour of human muscle tendon during walking*, Proc Biol Sci, 268 (1464), 229-233.

保健体育が健康の保持・増進に果たす役割
――生理学の立場から――

中谷　昭

序章　保健体育の教科内容と運動生理学

教育職員免許法施行規則によると、保健体育普通免許状の授与を受ける場合、教科に関する科目について、①体育実技、②「体育原理、体育心理学、体育経営管理学、体育社会学、体育史」及び運動学（運動方法学を含む。）、③生理学（運動生理学を含む。）、④衛生学及び公衆衛生学、⑤学校保健（小児保健、精神保健、学校安全及び救急処置を含む。）の５領域からそれぞれ１単位以上、計20単位を修得するものとすることになっている。このことから、中学校ならびに高等学校の保健体育教諭の免許を取得するためには生理学（運動生理学を含む。）の単位を取得しなければならないこととなる。

ところで、生理学とは生命現象の働きや機能を明らかにする学問分野であり、いくつかの生理学の教科書を見ると、「神経、筋、呼吸、循環、消化吸収、内分泌」など組織、器官のレベルで章立てがされている。

一方、運動生理学は、「運動」という刺激あるいはストレスが生体に及ぼす影響を見る学問であり、一過性の運動が生体の生理現象にどのような影響を与えるのか、またトレーニングが生理機能にどのような順応・適応を引き起こすのかを明らかにする学問である。

それでは、小学校、中学校及び高等学校の保健体育の教科には、生理学や運動生理学がどのように組み込まれているのだろうか。

小学校では「心と体を一体としてとらえ、適切な運動の経験と健康・安全についての理解を通して、生涯にわたって運動に親しむ資質や能力の基礎を育てるとともに健康の保持増進と体力の向上を図り、楽しく明るい生活を営む態度を育てる。」ことが教科の目標としてあげられ、「運動に親しむ資質や能力の育成」、「健康の保持増進」及び「体力の向上」の３つの具体的な目標が示されている[1)]。

中学校においても「心と体を一体としてとらえ、運動や健康・安全についての理解と運動の合理的な実践を通して、生涯にわたって運動に親しむ資質や能力を育てるとともに、健康の保持増進のための実践力と体力の向上を図り、明るく豊かな生活を営む態度を育てる。」とほぼ同様の目標があげられている[2)]。

その目標の持つ意味について、「「運動や健康・安全についての理解」とは、運動の特性とその特性に応じた行い方や運動をすることの意義と効果、運動の原則などについて科学的に理解できるようにすることである。また、心身の機能の発達と心の健康、健康と環境、傷害の防止及び健康な生活と疾病の予防など、心身の健康の保持増進について科学的な原理や原則に基づいて理解できるようにすることである。」と解説されている[2)]。

生理学や運動生理学の分野から見ると、学習指導要領との関係からは、「運動の特性」、「運動の効果」、「心身の機能の発達」、「心身の健康の保持増進」が関わるものと考えられ、生理学及び運動生理学は体育領域及び保健領域の両領域に関わっていると言える。

これらの関わりのうち、心身の健康の保持増進には特に生活習慣が重要であることから、本稿では、生活習慣病とその予防について概説する。

第1章　肥満とメタボリックシンドローム

第1節　日本人の平均寿命と死亡原因

1947（昭和22）年の日本人の平均寿命は男性が50.06歳、女性が53.96歳であったが、栄養状態の改善や医療の進歩により平均寿命は徐々に延び、2014（平成26）年には男性が80.50歳（世界第3位）、女性が86.83歳（世界第1位）と世界でも有数の長寿国となっている[3]。

図1は主な死因別にみた死亡率の年次推移を示している[4]。1947（昭和22）年では死亡原因の第1位は結核であり、第2位が肺炎、第3位が脳血管疾患であったが、2014（平成26）年には第1位が悪性新生物（ガン）、第2位が心疾患、第3位が肺炎となっている。脳血管疾患は昭和30年代から40年代にかけて第1位であったが以後減少し、2014（平成26）年には肺炎よりわずかに少なく第4位となった。

死亡原因の上位にみられる悪性新生物、心疾患、脳血管疾患は大人に多くみられることから、これらの疾患はかつて「成人病」と呼ばれた。しかし、これらは成人のみならず小児にも発症す

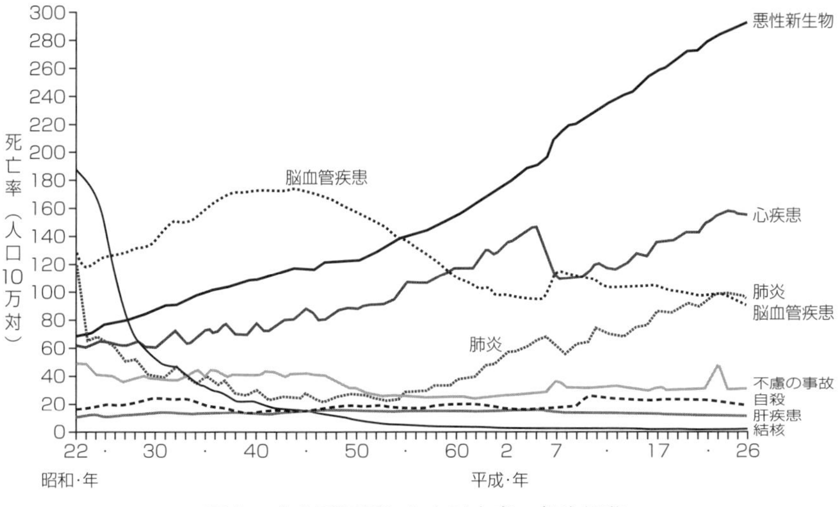

図1　主な死因別にみた死亡率の年次推移

出典）厚生労働省，2015，「平成26年人口動態統計月報年計（概数）の概況」

ることから、新たに「生活習慣病」という言葉が使われるようになった。すなわち、これらの疾患は食事、運動、喫煙、飲酒などの生活習慣と深く関わって発症するということである。

生活習慣病には、肥満、高血圧、高脂血症、糖尿病などがあげられる。特に栄養過多と運動不足が原因で生じる肥満は、心筋梗塞、脳卒中、糖尿病などの原因となっている。

第2節　肥満について

肥満を簡便に判定する方法として、これまでローレル指数（体重（kg）/身長（cm）$^3 \times 10^7$）やカウプ指数（体重（kg）/身長（cm）$^2 \times 10^4$）などがよく用いられてきた。いずれも身長と体重を基準にして計算によって求められる。近年は肥満の判定法として体格指数（BMI : body mass index）がよく用いられる。計算式は体重（kg）/身長（m）^{2} である。日本肥満学会により示された判定基準[5)]によると、普通体重は18.5以上25未満であり、25以上が肥満と判定される。

本来、肥満は体内の脂肪組織が異常に増加した状態を言うため、体重や身長から正確に判断することはできず、体脂肪量を測定することにより正確に判定することができる。

これまでの多くの研究においては、水中で体重を測定する水中体重法や皮下脂肪の厚さを測定する皮下脂肪厚計を用いた測定が行われてきたが、いずれも大がかりな装置を必要としたり、測定に熟練度を要するため、簡単には測定することができなかった。近年、身体の電気抵抗を測定することにより体脂肪を簡便に推定することができるインピーダンス法が開発され、盛んに用いられている。

第3節　メタボリックシンドロームについて

脂肪組織はエネルギーの貯蔵庫として重要な役割を果たしている。ヒトの歴史において飢餓の時代が長かったため、余剰のエネルギーは脂肪として脂肪組織に蓄えられる。一方、肥満は血液中の中性脂肪やコレステロールの値を上昇させ（高脂血症）、血圧の上昇をもたらす（高血圧）とともに、血糖値の上昇をもたらす（糖代謝異常）。さらに、高血圧、高脂血症、糖代謝異常は動脈硬化を引き起こし、その結果、脳梗塞や心筋梗塞を発症する原因となる。このような糖・脂質代謝異常がひきがねとなって脳梗塞や心筋梗塞を発症する一連の代謝異常をメタボリックシンドロームと呼んでいる。

メタボリックシンドロームの診断基準は2005（平成17）年４月に日本内科学会など８つの学会が集まって表１のように決められている[6)]。すなわち、ウエスト周囲径が男性では85cm以上、女性では90cm以上でなおかつ、血中脂質、血圧または血糖値の２項目以上で表に示される条件を満たせばメタボリックシンドロームと判定される。

また、メタボリックシンドロームは必ずしも成人のみで見られるものではなく小児においても認められることから、厚生労働省により小児の診断基準[7)]も作成されている（表２）。この場合、

表1　メタボリックシンドロームの診断基準

内臓脂肪（腹腔内脂肪）蓄積	
ウエスト周囲径	男性≧85cm 女性≧90cm
（内臓脂肪面積　男女とも≧100cm²に相当）	
上記に加え以下のうち2項目以上	
高トリグリセライド血症 かつ／または 低HDLコレステロール血症	≧150mg/dl <40mg/dl 男女とも
収縮期血圧 かつ／または 拡張期血圧	≧130mmHg ≧85mmHg
空腹時血糖	≧110mg/dl

出典）メタボリックシンドローム診断基準委員会，2005，「メタボリックシンドロームの定義と診断基準」，『日本内科学会雑誌』，94（4），797を一部修正．

表2　小児のメタボリックシンドローム診断基準

測定項目		判定基準
ウエスト周囲径		中学生80cm以上／小学生75cm以上 もしくは ウエスト周囲径（cm）÷身長（cm）=0.5以上
選択項目（右記項目のうち2項目以上）	トリグリセライド（中性脂肪） かつ／または HDLコレステロール	120mg/dl以上 40mg/dl未満
	収縮期（最大）血圧 かつ／または 拡張期（最小）	125mmHg以上 70mmHg以上
	空腹時血糖	100mg/dl以上

出典）厚生労働省，2007，「小児のメタボリックシンドローム診断基準」，生活習慣予防のための健康情報サイト（http://www.e-healthnet.mhlw.go.jp/information/metabolic/m-06-001.html）より作成．

ウエスト周囲径は中学生以上で80cm以上、小学生では75cm以上もしくはウエスト周囲径（cm）÷身長（cm）が0.5以上の場合であって、血中脂質、血圧または血糖値の2項目以上が表の条件を満たせば、メタボリックシンドロームと判定される。

第4節　内臓脂肪と皮下脂肪

脂肪は人によりその蓄積する部位が異なる。特に腹部においては、皮下に脂肪が蓄積する「皮下脂肪型肥満」と内臓に脂肪が蓄積する「内臓脂肪型肥満」があり、蓄積する部位により糖・脂

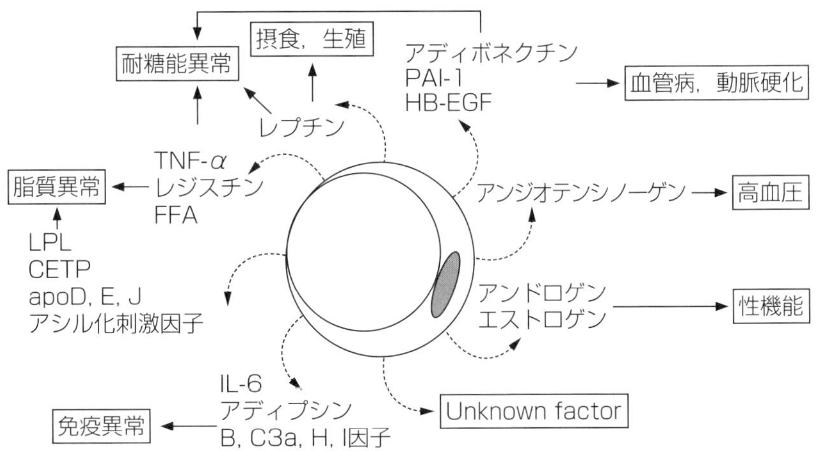

図2　脂肪組織から分泌される種々のアディポサイトカイン

出典）前田和久，2004，「脂肪組織における遺伝子発現」，アディポサイエンス，1（3），242.

質代謝が異なることが知られている[8)]。内臓脂肪型肥満では、皮下脂肪型肥満と比較して中性脂肪や総コレステロールなどの血中脂質が高く、糖代謝能も低下していることが報告されている。

これまで、脂肪組織は主にエネルギーを蓄積することや断熱材あるいは臓器を守るクッションの役割などが考えられてきた。しかし、1994年にフリードマンの研究グループが肥満マウスを用いた研究で、脂肪組織からホルモン様物質が分泌され、そのホルモン様物質（後にレプチンと命名された）が肥満と深く関わっていることを明らかにした[9)]。これがきっかけとなり、その後脂肪組織から分泌される多くのホルモン様物質（サイトカイン）が発見されている。サイトカインは脂肪組織から分泌されるため、アディポサイトカイン（あるいはアディポカイン）と呼ばれている。図2は代表的なアディポサイトカインで、その働きは、高脂血症、高血圧、糖尿病、動脈硬化などの発症と深く関わっている。また、アディポサイトカインは皮下脂肪組織より内臓脂肪からの分泌量が多く、このためメタボリックシンドロームの発症には内臓脂肪が大きく関与していると言える[8)]。

第2章　肥満の予防と改善法

肥満の発症の原因は主に栄養過多と運動不足による。したがって、肥満を予防したり改善したりするには適切な食事と適当な運動が重要である。

第１節　食事について

国民の健康の保持増進を図るうえで摂取することが望ましいエネルギー及び栄養素の基準は、健康増進法に基づき「日本人の食事摂取基準」[10]として示されている。基準の策定方針は生活習慣病の発症予防と重症化の予防である。

エネルギー摂取量の指標としては、体格指数 BMI が用いられている。これは男女共通で、例えば18歳以上50歳未満では目標とする BMI は18.5から24.9となっている（表３参照）。

また、推定エネルギー必要量は、12～14歳では身体活動レベルが「ふつう」の場合、男性が2,600kcal/日、女性が2,400kcal/日である。各栄養素の指標としては、摂取不足量を回避するための「推奨量」、過剰摂取による健康障害を回避するための「耐容上限量」及び生活習慣病の予防を目的とする「目標量」からなっている。表４にエネルギー産生栄養素バランス（%エネルギー）を示した。これによると、炭水化物が約60%、脂質が約25%、タンパク質が約15%となっている。近年、食事の欧米化により脂質の摂取量が増加しているが、脂質の取り過ぎには注意が必要である。

図３は厚生労働省及び農林水産省が示している食事バランスガイドである[11]。１日に「何を」「どれだけ」食べたらよいかを考える際の参考にできるよう、食事の望ましい組み合わせとおおよその量をイラストでわかりやすく示している。

表３　目標とする BMI の範囲（18歳以上）

年齢（才）	目標とする BMI（kg/m^2）
18～49	18.5～24.9
50～69	20.0～24.9
70以上	21.5～24.9

出典）厚生労働省，2014，「日本人の食事摂取基準（2015年版）の概要」

表４　エネルギー産生栄養素バランス（%エネルギー）

目標量（中央値）（男女共通）				
年齢等	たんぱく質	脂　質	飽和脂肪酸	炭水化物
０～11（月）				
１～17（歳）	13～20（16.5）	20～30（25）		50～65（57.5）
18～69（歳）	13～20（16.5）	20～30（25）	７以下	50～65（57.5）
70以上（歳）	13～20（16.5）	20～30（25）	７以下	50～65（57.5）

出典）厚生労働省，2014，「日本人の食事摂取基準（2015年版）の概要」

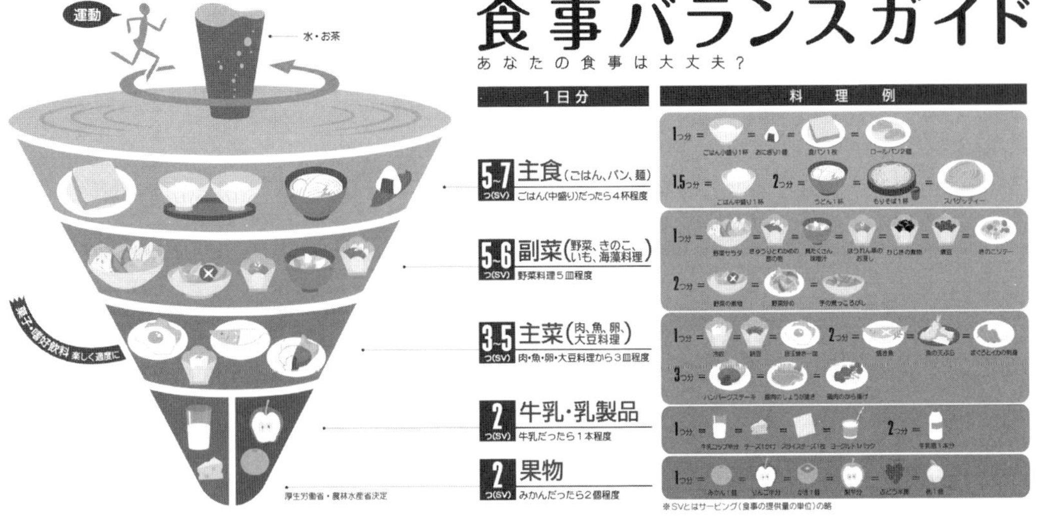

図3　厚生労働省及び農林水産省が示す食事バランスガイド

全体は回るコマを表し、上からごはん、パンなどの主食、野菜やイモ類などの副菜、肉、魚、卵などの主菜、乳製品と果物の順に内容と量が示されている。運動が継続されることによりコマが回ることから、習慣的な運動がいかに重要であるかが表現されている。

第2節　運動について

運動には持久的な運動や瞬発的な運動など、強度や持続時間の異なる運動がある。筋力やパワーをつけるための運動や持久力をつけるための運動など、目的とする体力をつけるためには実施する運動の強度や時間は異なってくる。運動強度が軽い場合には大きな効果が得られないが、運動強度が高すぎると障害を引き起こすため、注意をする必要がある。

図4は運動時の糖・脂質代謝を示したものである。運動時には血液中のエピネフリン（アドレナリン）やノルエピネフリン（ノルアドレナリン）の濃度が上昇する。これらのホルモンは脂肪組織に作用し、脂肪組織に蓄えられた中性脂肪を分解し、血液中に遊離脂肪酸（FFA）が放出される。血液中に放出されたFFAは骨格筋に取り込まれ、エネルギー生産工場であるミトコンドリアにおいて水と二酸化炭素にまで分解され、その際生じたエネルギーを用いてATPが再合成される。また、運動には糖質も利用される。血液中にあるグルコース（血糖と呼ばれる）は膵臓から分泌されたインスリンの働きにより骨格筋に取り込まれる。インスリンは糖を取り込むためのトラックの働きをするグルコース輸送担体（GLUT4）を介して骨格筋へ糖を取り込む。糖尿病はインスリンの働きや分泌量が低下し、血糖値が上昇するため起こる。一方、運動（筋収縮）はインスリンがなくてもインスリンと同様GLUT4を介して糖を骨格筋に取り込む作用をもっていることが近年多くの研究によって明らかにされてきた[12)]。糖尿病の予防や改善に運動が用

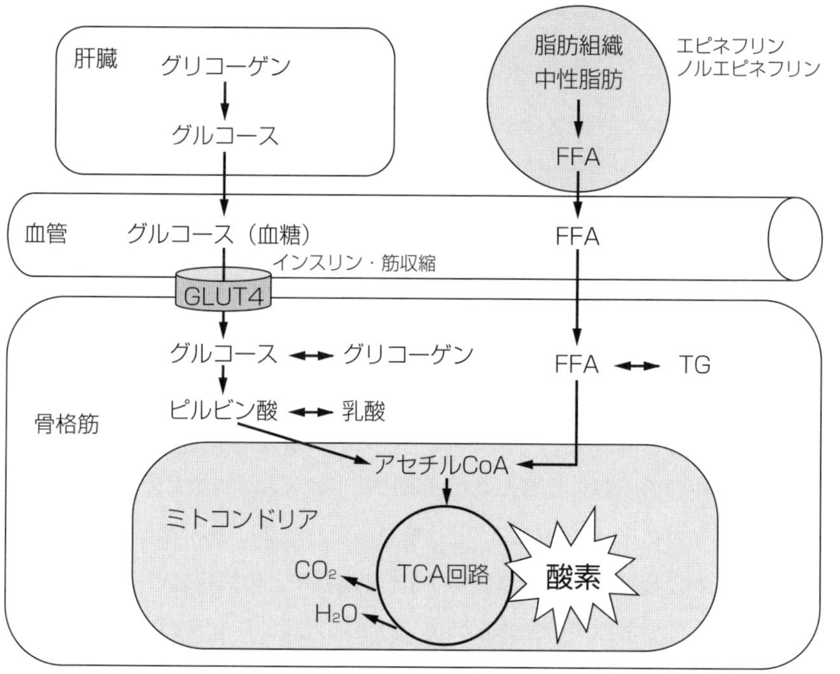

図4　運動時の糖・脂質代謝

いられるのはこのためである。ところで、ミトコンドリアで脂質や糖質を分解する時には酸素が必要である。このため、呼吸により酸素が十分取り込めるような軽度から中等度の運動が、糖質や脂質代謝を亢進するために適していると考えられる。

上記のように運動すると、脂肪組織にある中性脂肪や血糖あるいは骨格筋のグリコーゲンがエネルギー源として利用されるが、運動を長期に継続（トレーニング）すれば糖・脂質代謝にどのような影響を及ぼすのだろうか。中谷ら[13]はトレーニングが脂肪組織から脂肪を放出する能力に及ぼす影響について検討をしている。その結果、持久的トレーニングをすると同じエピネフリンやノルエピネフリンの濃度でも脂肪組織における脂肪を分解・放出する能力が高まること、特に中等度強度の運動を用いたトレーニングで最も効果が高くなることが報告されている。また、脂肪をエネルギーに変えるミトコンドリアの量も数もトレーニングにより増加することにより、脂肪や糖を分解する能力も高まることが報告されている[14]。

樋口ら[15]は日頃ジョギングをする男性（走者）と一般男性（対照）の血中脂質を比較し、血中中性脂肪量、総コレステロール量や悪玉コレステロールといわれるLDLコレステロール量が対照群と比較し走者で低い値を示すことを報告している。従って、持久的トレーニングは血中脂質を低下させる効果があると言える。

また、中高年者を対象に持久的トレーニングが糖質75gを経口投与した時の血糖値及び血中インスリンレベルに及ぼす影響を見た研究[16]においては、血糖値及び血中インスリンレベルのピークがトレーニング前と比較しトレーニング後において低くなることが明らかにされている。これは、骨格筋への糖取り込みに働くGLUT4含量が持久的トレーニングにより増加し、糖の利用が促進されることにより、血糖値が低く抑えられるためと考えられる[17]。このようにジョギングやウォーキングのような持久的運動は肥満を解消するとともに、糖代謝や脂質代謝を改善し、高脂血症や高血糖を改善すると言える。

終章　今後の課題

1回の持久的運動や持久的運動を用いたトレーニングは脂質や糖質の利用を促進し、肥満やメタボリックシンドロームの予防・改善につなげることができる。従って、子どもの頃からの適切な食習慣や適度な運動習慣を身につけることは健康の保持増進にとって大変重要である。

一方、最近の国立がん研究センターによるBMIと疾病率との関係についての大規模調査[18]において、疾病率の最も低い範囲が普通体重の18.5以上25未満よりも高く25以上27未満であることが報告されている。また、メタボリックシンドロームの判断基準となるウエスト径が日本では女性より男性の方が小さいが、欧米では逆に男性の方が大きいことなど、肥満やメタボリックシンドロームの判定基準に対して問題点が指摘され、今後それらの判定基準が変更される可能性がある。従って、質の高い授業を保つためには、医学・生理学における新たな情報に常に関心を持ち続けることが必要である。

【文献】

1）文部科学省，2008，『小学校学習指導要領解説体育編』
2）文部科学省，2008，『中学校学習指導要領解説保健体育編』
3）厚生労働省，2014，『平成26年簡易生命表の概況』
4）厚生労働省，2015，『平成26年人口動態統計月報年概数の概況』
5）日本肥満学会　肥満症診断基準検討委員会，2011，「肥満症診断基準2011」，『肥満研究 臨時増刊号』，50（17）.
6）メタボリックシンドローム診断基準委員会，2005，「メタボリックシンドロームの定義と診断基準」，『日本内科学会雑誌』，94（4），794-809.
7）厚生労働省，2007，「小児のメタボリックシンドローム診断基準」，生活習慣予防のための健康情報サイト（http://www.e-healthnet.mhlw.go.jp/information/metabolic/m-06-001.html）.
8）前田和久，2004，「脂肪組織における遺伝子発現」，『アディポサイエンス』，1（3），241-246.
9）Zhang Y., R. Proenca, M. Maffe, M. Barone, L. Leopold and J. M. Friedman, 1994, *Positional cloning of the mouse obese gen and its human homologue,* Nature, 372, 425-432.
10）厚生労働省，2014，「日本人の食事摂取基準（2015年版）の概要」
11）農林水産省，食事バランスガイドについて，農林水産省ホームページ（http://www.maff.go.jp/j/balance_guide/）
12）川中健太郎，2009，「運動・スポーツと糖質代謝」，『臨床スポーツ医学 臨時増刊号』，26，13-22.

13) 中谷昭・中牟田正幸，1983,「マウス副睾丸脂肪組織の脂肪分解能に及ぼすトレーニングの影響―1．トレーニング強度の違いについて―」,『奈良教育大学紀要』, 32 (2), 79-84.
14) Holloszy J. O., and E. F. Coyle, 1984, *Adaptation of skeletal muscle to endurance exercise and their metabolic consequences*, J. Appl. Physiol., 56 (4), 831-838.
15) Higuchi, M., T. Tamai, S. Kobayashi, and T. Nakai, 1992, *Plasma lipoprotein and apolipoprotein profiles in aged Japanese athletes*, Integration of Medical and Sports Science. Med. Sport Sci. Basel, Karger, 37, 126-136.
16) Kirwan, J. P., W. M. Kohrt, D. M. Wojita, R. E. Bourey, and J. O. Holloszy, 1993, *Endurance exercise training reduces glucose-stimulated insulin levels in* 60- *to* 70-*year-old men and women*, J. Gerontology, 48 (3), M84-M90.
17) Rodnick, K. J., J. O. Holloszy, C. E. Mondon, and D. E. James, 1990, *Effects of exercise training on insulin-regulatable glucose-transporter protein levels in rat skeletal muscle*, Diabetes, 39 (11), 1425-1429.
18) Sasazuki S., M. Inoue, I. Tsuji, Y. Sugawara, A. Tamakoshi, K. Matsuo, K. Wakai, C. Nagata, K. Tanaka, T. Mizoue, and S. Tsugane, 2011, *Body mass index and mortality from all causes and major causes in Japanese: results of a pooled analysis of* 7 *large-scale cohort studies*, J Epidemiol., 21 (6), 417-430.

おわりに

2016（平成28）年３月をもちまして長年勤務した奈良教育大学を定年退職することになりました。1973（昭和48）年に奈良教育大学を卒業し、東京教育大学大学院体育学研究科修士課程で２年間体育心理学を学びました。その後日本女子体育大学体育心理学研究室に助手として２年間勤務したのち、中京女子大学体育学部体育心理学研究室に９年勤務させて頂きました。1986（昭和61）年に高橋健夫先生の後任として、母校である奈良教育大学保健体育科教育研究室に勤務させて頂くことになりました。奈良に戻ってからはあっという間の29年間でした。この間多くの大学院生、学部生の授業や論文指導を通して沢山のことを学ぶことができました。その成果が運動有能感を高める授業づくりや競技選手のメンタルサポートとして結実したと思います。ありがとうございました。

同時期に退職する中谷昭先生とは大学入学当初からのつきあいですから、46年の間お世話になりました。分担執筆して頂いた中谷先生、高橋先生、笠次先生、高田先生、井上先生、立先生とは、奈良教育大学保健体育専修の学生教育を中核に楽しい、充実した時間を過ごすことができました。定年まで無事に務めることができたのは、先生方のおかげだと思います。ありがとうございました。

私たちの定年退職に際し、奈良教育大学保健体育講座の７名の教員が協力して『保健体育を教える人のために』を出版することになりました。少ない人数の講座ですから、保健体育の全ての領域をカバーすることはできていませんが、それぞれの専門の立場から保健体育の授業を行う教師や学生に読んで頂きたい内容で構成しています。本書を上梓することによって、これからの保健体育の授業のあり方に、奈良教育大学から新たな風を吹かせることができればと思います。

岡澤祥訓

保健体育を教える人のために

2016年２月24日　初版第１刷発行

著　　奈良教育大学保健体育講座

発 行 者　三好　信久
発 行 所　株式会社 東山書房
〒604-8454　京都市中京区西ノ京小堀池町8-2
TEL.075-841-9278　IP 電話 050-3486-0489　FAX.075-822-0826
〒162-0841　東京都新宿区払方町1-3
TEL.03-5228-6311　IP 電話 050-3486-0494　FAX.03-5228-6300
http://www.higashiyama.co.jp

印　　刷　創栄図書印刷株式会社

2016 Printed in Japan　ISBN 978-4-8278-1545-0